ハーバード白熱教室
世界の人たちと
正義の話をしよう
＋東北大特別授業

マイケル・サンデル
NHK白熱教室制作チーム

早川書房

ハーバード白熱教室
世界の人たちと正義の話をしよう＋東北大特別授業

LET'S TALK ABOUT JUSTICE IN THE WORLD
AND A SPECIAL LECTURE IN TOHOKU UNIVERSITY
by
Michael J. Sandel

Translated by
NHK
First published 2013 in Japan by
Hayakawa Publishing, Inc.
This book is published in Japan by
arrangement with
Michael J. Sandel
through The English Agency (Japan) Ltd.

目次

世界の人たちと正義の話をする意義

教室の枠を越え、世界各地に赴《おもむ》いて講義を行い、現地の参加者と触れ合うことは、世界について考え、正義、平等と不平等、民主主義、共同体における個人、市民の義務といった哲学の抽象的な概念を、我々の実生活と結びつけることに関心を持つ私のような哲学者にとっては、ある意味、夢が叶ったといえる素晴らしいチャンスでした。背景も文化も伝統も異なったさまざまな参加者、さまざまな学生たちと語り合うことができるなんて、すべての教師の夢でしょう。私にとっては世界を知り、人々があらゆるところで抱える政治的、倫理的、社会的文化的ジレンマについて学ぶ機会となったのです。

なかでも強く印象づけられたのは、社会によって人々の答えが異なり、考え方にも違いがある、という点です。しかし、大きな問題に取り組むことへの渇望や強い欲求を人々が持っていることは共通しています。世界各地で講義を行った私の経験からひとつ言えるのは、あらゆるところで人々が人生の意味や政治、公共的生活、いかにして公正な社会を作るか、善き社会でお金と市場が果たすべき役割とは何か、市民のあり方とは何か、といった大きな問題についての議論に飢え、論じたいと望んでいるのです。このような議論に参加したいという強い欲求があるにもかかわらず、今日《こんにち》の大学や公的言説でこういった問題を扱う機会があまりにも少ない。これは、ものの見方や哲学的見解、文化的伝統に関係なく、どこへ行っても感じられることです。

自分がそういった議論を促し、触発する一助となることは、教師として何よりの喜びです。教師の本分、特に私のような哲学を教える教師の本分とは、大きな問題に関する議論をうながし、触発し、鼓舞することであり、正義や善き社会といった抽象的な概念と、我々が生活する現実の世界とを結びつけることにほかなりません。

世界中を回り、これらの問題を特に若者たちと話し合えることは、思ってもみなかった栄誉です。私は今も自分の講義に集まってくる学生たちを教えることに大きな誇りを抱いています。教室が世界規模に広がることは、教師が描く究極の夢であり、いつまでも深い感謝の念を抱きつづける経験です。

ハーバード大学で私が行っていた「JUSTICE（正義）」の講義が世界中に公開されてから、およそ四年になります。同じ頃に私の著書、『これからの「正義」の話をしよう』が出版されて世界中に広がり、その後、『それをお金で買いますか』が出たわけです。ここ四、五年、こういった講義や著書に関心を寄せる国々を何度も訪問する機会がありました。世界中を回りはじめた時、先の見通しは漠然としていたのですが、一部の参加者が手探りで、大きな哲学的問題について公《おおやけ》に論じる新たな習慣を育みはじめていることは感じていました。人々が公開討論に慣れて上達しつつあるように見受けられるのは、私の影響を受けたり私の講義を目にしたからだけでなく、世界中の教育システムや大学の教室で、教壇に立ってメモを読み上げる教師の話をただ聞くのではなく、学問に参加し互いに語り合うことを学生たちにうながそうとする動きが育ちつつあるからではないでしょうか。私は、哲学的な問題や一般教養、参加型の能動的学習への関心が膨らんできていると感じています。一部の国々では訪問するたびに、そこで出会う学生たちの姿に感心させられます。

これは市民としての生き方にプラスになることだと思います。このような能動的学習や公の場で議論・討論をつづけていくことができれば、市民の一員だという意識はより強固なものとなり、我々の社会はもっと公共生活を分かち合えるでしょう。

私が各地にて一般の人々と行う講義は、グローバルな議論への小さな一歩、その小さな一例に過ぎないと思っています。この活動をつづけるほどに、目の前にいる次世代の若者たちが理にかなった公の議論に参加し、互いの話に耳を傾け、論じ合い、意見が食い違う時にも落ち着いて敬意を払いつつ議論を戦わせる習慣を身につけていくだろうと、私の期待は膨らむばかりです。このような市民としての習慣やスキルは、生来備わったものではありません。我々はそれを学ばねばならない。落ち着いて論じ合い、能動的に学習するという訓練を通して、身につけていかねばならないのです。

若者たちの頼もしい姿に明るい未来を期待するのは、これが新しいグローバルな市民の熟議、さらにはより大きな世界的連帯意識へと成長していく可能性があるからです。自分たちの社会だけにとどまらず、国家や文化的な隔たりを乗り越え、我々が大きな問題について共に論じ合う市民的対話のスキルを高めることで、同じ市民の一員としての意識は深まり、国際的な連携が強まり、世界はよりよい場所になっていくことでしょう。

（二〇一三年一一月ハーバード大学にてインタビュー）

マイケル・サンデルの白熱教室

中国　北京

二〇一二年一二月一三日、北京大学百周年記念講堂。

会場は、中国随一のエリート校・北京大学。一千人以上の学生たちが特別講義に詰めかけた。テーマは「お金で買えないもの」。社会主義国でありながら世界でもっとも激烈な市場原理が浸透するこの国で、若者たちはどんな葛藤を心の中に抱えているのか。サンデル教授の投げかけに揺さぶられ、激しい議論に火がついた。

中国　北京

大雪のあとの雪かきシャベル値上げはフェア？

（サンデル教授登場、拍手）

サンデル　ありがとう。

今日は、私たちの生きる現代社会が直面する、最もチャレンジングな問題について考えていきたい。今夜、みなさんと話し合いたい問題は――「善き社会におけるお金と市場の適切な役割とは何か？」

今や、お金で買えないものはどんどんなくなってきている。たとえば、カリフォルニア州サンタバーバラの刑務所に収監されたとしよう。入れられた独房が気に入らなかったら、なんと、お金を支払えば独房をアップグレードすることができる。いくらだと思う？　一泊九〇ドルほどだ。

今度は「今、いくばくかの臨時収入が必要なのだが、割のいい仕事がすぐに見つかるあてもない」という場合を想定してみよう。今、増加しつつある手法に「身体広告」というビジネスがある。人の額《ひたい》を貸し出して、入れ墨で広告をうつというものだ。息子の教育費を必要としていたある女性は、自分の額をオークションにかけた。一万ドルを支払ってくれるなら、永久的な入れ墨で額に広告を入れるという条件だ。不幸にも、彼女に金を出すことになったのは、オンラインカジノの会社だった。つまり、彼女は生涯、オンラインカジノを広告する入れ墨を額に刻むこととなったわけだ。これも金で買えるようになったものの一つだ、と言えるだろう。

次の例は、昨日、厦門《アモイ》で聞いた話だ。ある女性がiＰｈｏｎｅ5を買うために金を必要としていた。そこで彼女は、自分とハグする権利を一回一〇元（約一七〇円）で販売することにしたというのだ（一同笑）。ほんのちょっぴり愛情が欲しければ、ハグを買うことができる。しかも、それはさほど高くはないのだ。

君たちにとって、これらはお金と市場の役割に関する由々しき深刻な事例とは感じられないかもしれない。しかし、一般的な社会生活に目を向ければ、アメリカはもちろん世界中の大半の社会で、そして中国人の友人たちから聞いた話をもとに考えるならば、ここ中国でも、社会生活のもっとも重要な側面の多くが、お金と市場から影響を受け、支配されている。

国の安全保障を例にとってみよう。我々はどう戦争を戦い、兵士をどう集めているか。みなさんは知っているだろうか？　イラクやアフガニスタンでは、アメリカの軍隊よりも、民間の軍事請負企業のほうが多く駐留している。つまり、国から委託された企業――この場合、アメリカから委託された民間企業が、民間の傭兵を雇って戦争を戦っているというわけだ。これは、アメリカ国民が「民間企業に戦争をアウトソーシング、つまり外部委託するべきか？」と議論を重ねた結果ではない。当然のような顔をして行われている。これが、今の社会の現実なのだ。

ここで一つはっきりさせておきたいのは、私はそのような市場の存在に反対しているわけではない。私が提起したいのは、ここ数十年のあいだ、自分たちでも気づかないうちに、私たちは市場経済を持つ状態から、市場社会である状態へ陥ってしまったということだ。その違いは何か？　市場経済は、生産活動を統制するための道具――重要で有効な道具である。けれど、市場社会は違う。市場社会は、ほぼすべてが売り物にされ、人間の営みのあらゆる側面にお金と市場価値が浸透する生活様式だ。かつては非市場的価値によって律せられていたもの――家庭生活、人間関係、健康、教育、国家安全保障、刑事司法、市民の義務――それが、今ではお金と市場価値に支配されてしまっている。

市場が公共善（public good）に役立つ場合とそぐわない場合を決めるのは、簡単ではない。しかしここ数十年間、米中双方の社会で、人々は熟考することなく、市場的思考や市場の論理で公共善を定義できるとみなすようになっていった。この考えは間違っている、と私は思う。私の狙いは、この考えに疑問を呈し、善き社会におけるお金と市場の適切な役割について、絶え間のない公《おおやけ》の議論をうながし、喚起することだ。

そのような議論に、今夜はあなた方も参加してほしい。

では、お金と市場の役割に関して、これから提示するいくつかの質問について、考えてみてほしい。

単純な話から始めよう。雪かき用のシャベルを一本一〇ドルで売っている店があるとする。ある日、猛吹雪で町に大雪が積もった。雪かきするため、今や誰もがシャベルを必要としている。そこで、店はシャベルの値段を一本一〇ドルから二〇ドルに引き上げた。

これぞ需要と供給のお手本のような結果だ、と言う者もいるだろう。需要が増えれば、店は雪かきシャベルを値上げする。一方、これに反対する意見もある。誰もがシャベルを必要としている時に値上げをする店は、フェアではないというわけだ。

みんなの意見を挙手で見てみたい。

猛吹雪の後で雪かきシャベルを一〇ドルから二〇ドルに値上げすることについて、何人がそれを正当だと考え、何人が不当だと考えるだろうか？

まず、正当だと思う人。

（会場、半数以上が手を挙げる）

では、不当だと思う人は？

（三分の一ほどが手を挙げる）

正当だと思うほうが多数派だ。

不当だと思う人に意見を聞こう。男性でも女性でも、我こそはという人は手を挙げて。なぜ雪かきシャベルを値上げすることが不当だと思うのか、その理由を語ってほしい。議論の口火を切ってくれる人は誰だろう？　では、そこの通路側の君、立って。

女子学生1　需要と供給の法則から考えたとしても、不当だと思います。価格を上げてしまうと、シャベルが必要なのに買えない人が増えるからです。それにシャベルがないと雪かきもできないので、問題はさらに大きくなり、レスキュー隊派遣のような事態にもなりかねません。そうなれば、結局は国がもっとお金を支払うことになります。

サンデル　価格が上がると、雪かきシャベルを買うお金がない人が増えるというわけだ。では、彼女の意見に反対の人、雪かきシャベルの値上げが正当だと思う人の意見を聞きたい。よし、真ん中の君。

男子学生1　店にとってはお金を稼ぐチャンスなのに、どうしてそれを諦めなくてはならないのでしょうか。需要と供給の法則は、誰もが知っています。需要の急増に対して、供給が一定なら、値上げをすればいいだけです。でも経済学的な考えに従わないのであれば、政府などが町の人たちのために無料で配るなり、値段を据え置くなりすればいいと思います。

サンデル　吹雪で雪かきシャベルが値上げされたら、購入できる人が少なくなる、という先ほどの意見には、どう答える？　君の反論は？

男子学生1　政府が差額を払えばいいんです。（一同笑）

サンデル　君は厳密には自由市場経済主義者じゃないんだね。

男子学生1　はい、計画経済主義者です。

サンデル　雪かきシャベルを値上げし、政府に購入費用を補助させるというわけだ。

男子学生1　はい。

サンデル　いいだろう。ほかに値上げ擁護派は？　はい、そちらの女性、どうぞ。

マラ　店が値上げするのは、極めて正当なことだと思います。そうすれば人々は、必要なものを手に入れるために、もっと努力するようになるからです。現在ギリシャで起こっていることを見れば分かるでしょう。もし、ものをタダで配ったり、とても安い値段で供給すれば、人々は競争をやめて、気を抜いてしまいます。それでは新しい価値は生まれないし、何の発展も期待できません。

サンデル　君の名前は？

マラ　マラです。

サンデル　需要と供給の法則に従わず、シャベルの値段を上げなければ、人々は一生懸命に働こうという気が起きなくなってしまう、というのがマラの考えだ。ギリシャの人々み

たいになる、ということだね？　ギリシャでは、雪かきシャベルは必要ないと思うが……。（一同笑）

マラ　この地球には、人口七〇億人すべてをまかなえるだけの資源はありません。それは事実です。全員には行きわたりません。だから、何かを手に入れたいなら、その人はそれだけ働くべきです。

サンデル　シャベルの場合は全員が必要というわけでもないが、どうだろう。

マラ　そういう話ではないと思います。やっぱり欲しいものは自分でしっかり働いて手に入れるべきで、シャベルをただ待っているだけでは駄目ということです。

サンデル　なるほど。だが、シャベルが一〇ドルでも、その分は働かなくてはならない。値段は据え置いてもいいんじゃないだろうか？

マラ　それまでは誰もがシャベルを必要としているわけではなかったから一〇ドルでよかったんです。が、今はほぼすべての人が必要としているのですから、自分が手に入れるに値することを証明しなくてはなりません。上乗せした一〇ドルを支払えることがそれにあたる、というのが私の意見です。

サンデル　雪かきシャベルの値上げで、人々が仕事に励むわけだ。

マラ　はい。ただしこの話は、店主がそこまで考えてやるわけではありません。あくまで結果論として、人々は値上がりした一〇ドル分をまかなうため、仕事に励むことになるんです。

サンデル これは興味深い意見だ。雪かきシャベルの値段が上がった場合、多くの人は、単純な経済法則のとおり、需要が増えた場合は値段を上げるのが正当と考える。需要と供給のバランスはそうやって決まるものだと。これが経済学者の考え方だ。しかし、君はそこに道徳的功績（頑張った人が報われるべきだ）を絡めた倫理的議論を持ち込んでいる。一生懸命に働いた人は、雪かきシャベルを獲得してしかるべきであり、シャベルの値段を上げることは、人々を勤勉に働かせる手段であり、値上げしたシャベルは労働の見返りとなる。

マラ それがやる気を高める一つの方法になると思います。

サンデル いいだろう。では、雪かきシャベルの値上げに反対の人の意見を聞こう。反対の人は？ はい、君。

男子学生2 その店が市場を独占している場合は、完全に思いどおりの価格を設定できる可能性があると思います。

サンデル だが、この雪かきシャベルはたくさんの店で売られていると想定してほしい。それと、店主たちもみんな、金儲けのチャンスだと気が付いているとしよう。さあ、猛吹雪が来た。値上げすれば大儲けだ。これは不当だろうか？

男子学生2　やはり、一部の消費者にとっては不当だと思います。一般的には価格は需要と供給の均衡によって決まりますが、企業が独占状態になると自由に価格を設定できるようになってしまう。

サンデル　独占は、競争経済における需要と供給の限界を超えて価格を高騰させることがある、ということだ。雪かきシャベルの話は、ここまでとしよう。議論に参加してくれたみなさん、どうもありがとう。（一同拍手）

災害時の飲料水値上げは不当？

サンデル　次の事例に移ろう。地震や台風などの自然災害が起こったと考えてほしい。それまでボトル入り飲料水を一ドルで売っていた店が、清潔な水が不足している状況に気付いた。そこで一ドルから一〇ドルに値上げをしたとする。被災地でだ。この問題で挙手をとってみよう。

被災地で飲料水の値段を上げることがフェアだと思う人、手を挙げて。

（会場、挙手する人は少ない）

では値上げはフェアではないと思う人は？

（約半数が挙手する）

サイモン　雪かきシャベルとは違う結果だ。理由を聞く必要があるね。そうだな……少数派のグループから聞いてみよう。被災地で飲料水を値上げするのは正当だ、と考える人の意見を聞かせてもらいたい。

二階席の人たちにも話を聞いてみよう。二階席で誰か意見のある人は？　どうぞ。

サンデル　値上げが正当だと思うのは、それが一ドルから五ドルに上がるくらいの妥当な範囲で、多くの人が入手可能な価格なら、道徳的には問題ないと考えるからです。もしそれが一〇〇ドルとか一〇〇〇ドルに値上げされるのであれば、道義に反するでしょう。ある程度の限度がなければならないし、上げ幅次第だと思います。

サンデル　よろしい。君の名前は？

サイモン　サイモンです。

サンデル　サイモンに聞く。水一本に五ドルならオーケーで、一〇〇〇ドルは道義的に受け入れがたい。じゃあ一〇ドルではどうかな？　（一同笑）

サイモン　一〇ドルは許容できると思います。（一同笑）

サンデル　二〇ドルだったら？

サイモン　僕としては、ちょっと高い気がします。（一同笑）

サンデル　どうして？　じゃあ一五ドルは？　（一同笑）

サイモン　……分かりません（笑）。値上げの限界は僕が設定するのではなくて、大多数の人が認めた範囲内に収まるべきものでしょう。価格がその範囲を超えたら、モラルに反することになります。

サンデル　なるほど、興味深い問題が持ち上がってきた。君は、価格は大多数の意見で決まるべきだと言った。そう、人々が納得する飲料水の価格を設定するには二つの方法がある。一つは、みんなで投票をして適正価格を決めるというもの。もう一つは、消費者のニーズに合わせ、市場に適正価格を決めさせるというもの。飲料水の議論も、この二つの決め方がありうる。

では、こういう考えの人は会場にいないだろうか？　災害の後であったとしても、飲料水をいくら値上げしようとフェアだ、需要と供給の法則と市場の論理だけで価格を決めるべきだ、という人はいないだろうか？　はい、では君。

チャン　僕は、一〇ドルに値上げするのは正当であるという考えにまったく同感です。こんな発言をして非難されないよう願っていますが、僕は純粋市場経済を全面的に支持しています。

サンデル　支持している？　純粋市場経済を全面的に支持してるんだね？

チャン　はい、そうです。値段を下げたり、人命救助のために無料で提供したりすることが可能であるとしても、値上げは売り手側の権利だと思います。それが市場経済ですから。

サンデル　よし、話を整理しよう。店主には、飲料水の値段をいくらでも好きなように上げる権利がある？

チャン　そうです。そう思うもう一つの理由は、商売は慈善事業とは違うからです。無料で配ることもできるでしょう。それは店の選択です。同様に、店の選択で値段を一〇ドルに上げることもできる。それが市場経済というものです。ものに付ける値段を決定するのは、市場なんです。

サンデル　いいだろう。飲料水の質問に対して、純粋市場経済に賛成する強力な意見が出た。君の名前は？

チャン　チャン・シャオです。

サンデル　チャンだね。よし、そのままマイクを持っていて。チャンに反論する人は誰かいないだろうか。はい、その三列後ろの女性。チャン・シャオに向かって、なぜ彼と意見が違うのか話してほしい。まず、君の名前を教えてもらおう。

クリスタル　クリスタルです。

サンデル　オーケー、クリスタル。チャン・シャオに反論して。

クリスタル　値上げは市場が機能しているかどうかにかかっていると思います。雪かきシャベルの場合、値段を上げれば、より多くのシャベルを生産するために投資も増えるでし

純粋自由経済を擁護する立場で発言を続けたチャン・シャオ

ょう。それで生産量が増えれば、価格は下がり、より多くの人が手に入れられるようになります。でも地震の場合は市場が機能しないので、値上げによって水の生産量をあげることはできません。

サンデル　これは興味深い議論だ。整理しよう。ものの価格を市場に決定させるべきだという主張によると、価格が上がれば供給も増加する。一本一ドルが一〇ドルになるのなら、より多くの人が、はるばる遠くからでもやって来て水を売るだろう。しかしこの場合、市場が供給を素早く増加させるように機能しない、と君は考えている。そうだね？

クリスタル　はい。

サンデル　いいだろう。チャン・シャオが答える前に、もう一人意見を言ってもらいたい。はい、後ろの人。

ジョシュ　ジョシュです。値上げにはまったく賛成できません。必然性がないうえに、正義に反するからです。我々が目指すべきなのは、被災地で苦しむ人々の問題を解決すること。困難な状況を克服して、人々を助けることです。こんな時に値上げをする必要はありません。短期間に得られる収益はほんのわずかです。道徳的にもいいとは言えないため、長い目で見れば店のイメージも損なってしまいます。ですから経済の面からいっても、道徳や倫理に基づいた行動をするほうが正しいわけです。

サンデル　よろしい。ではチャン、今度は君が答える番だ。道徳や倫理的配慮の問題はどうだろう？　人々は地震や台風の被害でとても困った状態にある。心の底から水を必要としている。富や支払い能力よりも、水の供給を最優先に考えるべきではないだろうか？　君はどう考える？

チャン　僕の考えは変わりません。純粋市場経済は何も問題にしません。道徳を配慮することもないんです。値段を下げなければ、人々は非難するかもしれません。でも、値上げは売り手側の権利であって、それが市場経済なんです。先ほども言ったとおり、商売は慈善事業ではありません。

サンデル　いいだろう。

では、倫理的配慮によって市場が変化すべきかどうかという議論を深め、もう一つ別の例を挙げてみよう。水を売る店ではなくて、医者だったらどうだろうか。先ほど挙がった「必然性」という考え方で、二人の患者がやって来た場合を考えてみよう。一人はひどい風邪で、もう一人は緊急手術が必要な状態だ。風邪の患者は裕福で、診察に一〇〇〇ドル払う用意がある。もう一方の患者は、盲腸が破裂しそうで、手術をしなければ命が危ないのに、五〇ドルしか払えない。こんな状況でも、チャン、君の意見は変わらないだろうか？　これは、必然性と倫理的配慮のどちらを取るのかを試す問題だ。君はこのような場合でも、一〇〇〇ドルを受け取って裕福な風邪の患者を治療することを選ぶのは、医者の権利だと言うのだろうか？

チャン　そうですね。僕は肯定します。

サンデル　え、何だって？

チャン　肯定します。イエスです。医者が、瀕死の重体でお金がない患者より、風邪だけれど高いお金を支払う患者を優先することはできると思います。ただここではっきりさせておきたいのは、非難されるべきなのは医者ではなく、風邪の治療に高いお金を払うことができる患者だ、ということです。彼らはいわゆる、市場を操るマニピュレーターだと思います。こういった人々が市場を混乱させるんです。

サンデル　風邪の患者が？

チャン　はい。

サンデル　つまり、風邪の患者から一〇〇〇ドルを受け取り、もう一人を見捨てる権利が医者にある、ということだね？

チャン　そうです。ただし、責められるべきは……

サンデル　大金を提示した風邪の患者であって、医者ではない？　なぜ医者も同様に非難しないのだろう？

チャン　僕は市場経済に賛成なので、医者には権利が……

サンデル　待ってくれ。市場経済に賛成なら、誰も非難すべきではないんじゃなかろうか。なぜ風邪の患者を責めるのだろう？　彼は咳がつづいていてとても調子が悪い。その彼にとってみれば、診察に一〇〇〇ドル払う価値は十分ある。どうして彼を責めるのだろう？

チャン　彼は風邪の治療に法外な値段を付けた、と僕はとらえています。それが市場を混乱させるため、「マニピュレーター」と呼ぶんです。純粋市場経済に市場を操る人間は必要ありません。それが僕の基本的な考えです。

サンデル　いいだろう。議論に参加してくれたみなさん、どうもありがとう。

議論から見えてきたことが二つある。第一に、雪かきシャベルから災害後の飲料水にテーマを切り替えたとき、意見の変化があった点だ。これは、財を分配する市場原理の妥当性に対する人々の考えが、財が必要とされる切実さに多少なりとも左右されることを示していると見ていいだろう。多くの人が、雪かきシャベルの事例と飲料水の事例で意見を変えた理由は、ここにあると推測される。

第二に我々がこの議論から学んだ――あるいが私が学んだのは、市場の動きを見て値段をつける、売り手の権利に基づいた純粋市場の主張に対抗するのが、必然性の原理であるということだ。明らかな必然性、つまり生命に関わる緊急事態において、医師が市場原理で優先順位をつけうるかどうかという問題を提示することで、私はこの原理を検証しようとした。

財の分配方法について、少なくとも二つの方法があることを確認できた。一つは、お金、つまり市場の動向によって。もう一つは、必然性によって。つまり、状況次第で、市場原理が妥当な時もあれば、必然性に基づく分配方法が妥当な時もあるということだ。

では、誰の目にも明らかなケースを考えてみよう。たとえば、高級車。ここではBMWとしておこう。BMWを誰が買うべきかという議論の場合、おそらく多くの人が同じ意見なのではないだろうか——BMWを買う余裕のある人が買えばいい。

ただ、医者に誰が優先的に診てもらうかの話になると、重要なのはお金ではなく、医学的な必然性だと考える人が多くなる。自由市場の支持者である先ほどのチャンでさえも、ひどい風邪を引いた金持ちが大金を払うことに対して、市場を混乱させると非難したくらいだ。

ところで、財を分配するにはもう一つ別の方法があるのを知っているだろうか？　お金でも、必然性でもなく、「待つ忍耐力」によるものだ。ひたすら列に並んで待ち続けて買う。つまり、早い者勝ち——これが三つ目の分配方法。ただ、きちんと並んで買う人もいれば、並んだ人から高値で買おうとする人たちが出てくるのも常だ。

チケットの転売を例にとってみよう。いわゆる「ダフ屋行為」、つまりお金を余分に払ってチケットを購入する、または並んで買ったチケットを転売することだ。人気のあるロック・コンサートのチケットだと仮定しよう。誰もが行きたくて、チケット売り場に長い列を作るような大人気のコンサートだ。たとえばレディー・ガガのコンサート・チケットが、発売から一時間で売り切れたとしよう。列に並んだ人のなかには、そのチケットを誰かに高値で転売してお金を得るほうがいい、と考える者がいるかもしれない。つまりダフ屋だ。

さて、このダフ屋行為、コンサート・チケットを高値で転売することはいけないのだろうか？　意見を聞かせてほしい。

チケットを転売することが正当だと思う人は、どれくらいいる？

（会場、約三分の一が手を挙げる）

では、不当だと思う人は？

（ぱらぱらと少数の手が挙がる）

問題があると思う人、その理由を言ってほしい。はい、どうぞ。

女子学生2　私は、チケットの転売行為は間違っていると思います。レディー・ガガのファンではないので、彼女のコンサートには興味がないのですが、もしそれがこの講義のチケットだったら……

サンデル　私の講義？

女子学生2　ええ。この講義に興味もない人がチケットを買って、それを高値で転売するとしたら、それは完全に間違っていると思います。

サンデル　この講義のチケットの転売は不当だ、と。いいだろう（笑）。でも、どうしても欲しいなら、転売されたチケットを買えばいいんじゃないだろうか？　お金を払えば済む話だ。

女子学生2　ええ、きっと買うと思います。

サンデル　この講義のためなら転売チケットを買うんだね？　いくらなら買う？　（一同笑）

女子学生2　もし売っていれば、あらゆる手を尽くして買います。私にとってはとても貴重なことなので。だとしても、正しい行為だとは思いません。

サンデル　正しい行為ではない。具体的にどこが？

女子学生2　私が買えるのは、買う方法にアクセスできて、十分なお金があるからです。でも多くの人は買うことができない。だから、彼らに対してやはり不公平だと思います。

サンデル　チケットを買う余裕がない人に対して不公平だと？

女子学生2　はい。チケットを買えなかったレディー・ガガのファンに対しても不公平だと思います。

サンデル　では、この意見に反対の人。

女子学生3　私は転売してもかまわないと思います。

サンデル　チケットの転売をしてもいい？

女子学生3　はい。チケットを獲得した人は、お金を払っただけじゃなく、時間も費やしたと思うんです。

サンデル　時間！　列に並んだ時間！　いいだろう。では君は、この講義のチケットを獲得するためなら列に並ぶ？

女子学生3　この講義は私には貴重な経験なので、並びます。列に並んで待つことが、すでにお金じゃない何かを払っていることになると思います。並んでいなければ、別のことに時間を注げるわけですから。

サンデル　君はチケットを買うために、わざわざ時間を費やして列に並んだ。だから、チケットを転売するときは、その時間の経済的価値も上乗せできる。そう言いたいんだね？

女子学生3　えっと……私個人としては、そういうことはしたくありません。でも、チケットを買った人は実際に時間を費やして待ったわけですから、当然の権利だと考える人がいてもおかしくはないと思います。

サンデル　オーケー、分かった。レディー・ガガのコンサートのチケットを獲得するために定価以上のお金を払う人もいる。かなりの高額で買う人もいるかもしれない。一方、列に並んで定価で買う人もいて、彼らには転売する権利がある、ということだ。ほかに、市場原理にならってチケットを転売してもいいという意見の人、できれば自由市場の支持者から意見が聞きたい。では君、どうぞ。

男子学生3　問題はチケットの転売そのものではなく、価格体系にあると思うんです。僕には解決法が一つあります。一番高い値を付けた人が最初のチケットを獲得し、二番目に高い値を付けた人がその次、といった具合に、オークション方式にすれば、問題は簡単に解消するでしょう。

サンデル 一般にチケットを分配する最良の方法は、オークションにかけることだと君は考えている。レディー・ガガがコンサートを開催するとき、チケットはオークションで販売すべきだ、と。それは哲学の講義でも同じことが言えるだろうか？

男子学生3 はい、そう思います。たとえば北京と上海では、車のナンバープレートの割り当てシステムが異なっているんです。上海はオークション方式を採用していますが、北京では全応募者の中から抽選で選ぶため、非常に不公平になっています。これもこの問題の一例です。

サンデル つまり、チケットの分配において、オークションの方がより公平だと思うんだね。

男子学生3 はい。

サンデル では、人々が転売目的のために行列を作るものをもう一つ挙げてみよう。春節（旧正月）の時期の列車乗車券だ。需要が極めて高くなる春節シーズンの列車チケットを、オークションで高値を付けた者に売るのは、分配方法としてフェアだろうか？

男子学生3 はい。実際、中国の列車チケットはとても安いので、転売でお金を稼ぐ者が出てくるんです。もとの価格を上げれば、その分が政府の収入になりますから、インフラ

サンデル　にもっと投資できると思います。
列車の数を増やせるわけだ。

男子学生3　はい、もっと多くの乗客を運べるようになります。

サンデル　いいだろう。ほかの人の意見も聞いてみよう。春節の列車チケットをオークションで割り振るのに反対の人。はい、そこの立ち上がった女性。どうぞ。

女子学生4　転売目的で列に並んでチケットを買った人は不当だと思います。彼らは、チケットを使って列車を利用するわけではありません。列に並ぶことでお金を儲けようとしているだけです。コンサート・チケットや講義の聴講券と同じで、自分には必要ないのに列に並ぶのは……

サンデル　お金が目当てだ。

女子学生4　はい、お金を稼ぎたいだけです。

サンデル　それのどこが悪いのだろう？　お金を稼ぎたい人が、チケットを転売するために駅で長時間並ぶことに、何の問題があるのか？　なぜそれが不当なのだろうか？

女子学生4　現在のチケット価格には理由があります。先ほどの男性は、とても安いと言っていましたが、私はそうは思いません。今でもチケットに手が出ない人は大勢いるくらいです。現在の価格は妥当だと思います。もし誰かが転売して値段を吊り上げたら、大混乱を引き起こしてしまうでしょう。現状でも中国の列車チケットは、混乱をきたしていたんです。

サンデル 彼が主張した、チケットに市場価格を導入して値段を上げることは、不当であるうえ混乱を引き起こす、と考えるんだね？ しかし、なぜそれが不当なのだろうか？

女子学生4 自分のものではないからです。

サンデル 列に並んで買ったのだから、チケットは所有している。

女子学生4 この講義だったら、先生が話をする当事者です。でもチケットを転売する人は、当事者ではありません。

サンデル つまり、私の講義のチケットを転売する者は、講義の価値を生み出すことなく、単にお金を手に入れているだけだ、と。

女子学生4 そうです。

サンデル 彼らには利益を得る資格がない、と考えるわけだ。私としてはありがたい主張だが、これに反対意見の人はいるだろうか。たとえ金儲けのためだけであろうとも、レディー・ガガや哲学に興味がなくとも、チケットのために長時間並んだ人は、それを転売できると考える人。列車やコンサート・チケットのダフ屋行為を擁護する、純粋な市場の支持者が必要だ。はい、赤い服の女性。意見をどうぞ。

女子学生5 オークションの件で発言します。私は、オークションが公平な良い解決策だとは思いません。オークションだと、人より早く帰省できる権利がお金で買えてしまうことになります。でも私たちはみんな、基本的な権利を持っているんです。故郷へ帰るチャンスは平等に与えられなければなりません。貧しい人も金持ちも、同等の権利を持つべきだと思います。

サンデル　なぜ君は、誰もが平等な権利を持ち、春節の帰省列車に乗るチケットを公平に獲得できなければならない、と考えるのだろうか？　レディー・ガガのコンサートも、個々の支払い能力に関係なくチケットは平等に入手できるべきだろうか？

女子学生5　はい。チケット発売開始の時点で、私たちには平等に入手できるチャンスが与えられると思います。でも転売の場合は、裏に腐敗の問題が隠れているんです。ダフ屋の中には、並んで買ったチケットを高く転売するのではなく、コネを使ってチケットを入手し、売りさばいている者がいるかもしれません。

サンデル　いいだろう。ダフ屋が裏で汚い手を使ってチケットを手に入れているとすれば、彼らの正当性は弱まる。だが市場の議論で真に検証すべきは、腐敗の問題ではなく、自分で列に並ぶのか、それとも人を雇って列に並ばせてチケットを買うのか、だ。

腐敗の問題がなくても乗車券の転売が不当だと思えるのは、誰もが実家へ帰る権利を平等に持っていなければならないからであり、だからこそ列車のチケットは市場価格より安く設定されているのだろうと考えられる。

成績アップのための現金報酬はＯＫ？

サンデル　ここまで我々は、財の分配法を三つ、考えてきた。ひとつはお金、次に医療の事例に示された必然性、そして行列に並ぶ早い者勝ち方式だ。この議論から、お金が担うべき役割をどう思うか、それは活動の内容によって左右されることが読み取れた。一部の活動や財は、たとえば医療のように、列に並んだ順番や支払ったお金の多さよりも必然性が重視されるべきであると見られる。これに対してほかの財、例えばＢＭＷやレディー・ガガのコンサートといったものは、根本的な必然性よりも、支払い意欲の強さのほうが妥当性を持つようだ。そもそも、レディー・ガガのコンサートをなんとしても見なければならない人がいるのか、私には定かではないが。（一同笑）

では最後に、別の種類の質問をしてみたい。教育と市場の関係、そして成績アップのための金銭的インセンティブについて。アメリカでは今、多くの学校が同じ問題を抱えている。低所得者層の子どもの学力低下だ。恵まれない環境の生徒たちのやる気を引き出し、一生懸命勉強するように仕向けるにはどうしたらいいか？

経済学者のなかには、こう主張する人がいる――好成績、高得点を取った生徒にお金を渡せばいい。実際、ニューヨーク市、シカゴ、ワシントンＤＣで金銭的インセンティブが試されたことがある。たとえば、成績がAの生徒には五〇ドル、Bの生徒には三〇ドル、という具合。テキサス州ダラスでは、読書を奨励するため、八歳の児童に一冊本を読むたびに二ドル支払うという試みが行われた。

「成績向上のために、お金、金銭的インセンティブを使うのは正しいのか？」

なるほど、やってみる価値はありそうだ、と思う人もいるだろう。市場原理にならって、学習促進のための金銭的インセンティブを利用しない理由はない、と。一方で反対の人もいるはずだ。モラルの面で疑問を呈する人も多いだろう。まずは、君たちの意見を聞きたい。考えてみてほしい——子どもたちや学生を勉強に励ませ良い成績を取らせるために、学校や親がお金を渡す。それはいけないのか？

具体的な議論に入る前に、アンケートを取ってみよう。

通知表が好成績だったり、テストで良い点を取ったりしたとき、両親から現金や金銭的なご褒美をもらったことのある人は挙手してほしい。ご褒美をもらったことがある人は何人いる？

（会場、約四分の一が挙手）

では次に、そういう経験がない人は？

（半数以上が挙手）

お金をもらった経験がある人も多いようだが、過半数とまではいかないようだ。

では、次の例を考えよう。君たちが校長だったとしよう。ある日、経済学者がこんな提案をしてきた——成績向上、テストの点数アップ、読書習慣の促進のために子どもたちにお金をわたそう。

挙手で意見を見てみよう。そういう方針に賛成の人、あるいは、少なくとも試すくらいはいいと思う人は手を挙げて。

（会場、挙手する人は少ない）

多くはないね。

では、反対の人は？

（約三分の一が挙手）

では反対意見から聞いてみたい。

男子学生4　読書や学習というものは、子どもの頃から身につけるべき習慣であり、自然に学ぶべきことだと思います。お金に釣られてやることじゃない。

サンデル　お金で釣って勉強させたり読書させることのどこが間違っているのだろう。

男子学生4　正しい勉強のやり方じゃないと思います。インセンティブを与えると、勉強は金儲けの道具だと考えてしまうかもしれない。

サンデル　オーケー。若者にお金を与えると、学習や読書が金儲けの道具だと彼らに植え付けてしまう。そういう若者は、自分自身のために勉強したり、本を読んだりすることが

北京大学の会場は千人を超す学生たちで埋め尽くされた

なくなる。君はそう言いたいんだね？

男子学生4 はい。

サンデル 分かった。興味深い意見だ。反対した人の多くはおそらく同じ理由だろう。では、今の意見に反論する人は？　金銭的インセンティブを取り入れてみる価値があると思う人、意見を聞かせてほしい。はい、一番後ろの君。

男子学生5 一般的に、市場原理を持ち込んでお金をインセンティブとして使えば、その財や活動の本質的な意味や価値を弱め、世の中から締め出すことにつながるかもしれません。たとえば、友情をお金で買うのはよくないことです。

でも今回のケースでは、お金によって勉強の崇高さが汚《けが》されるという面もあるとは思いますが、必ずしも悪いことではないと思います。僕の実体験をお話しします。僕はコンピューターゲームが大好きですが、勉強はあまり好きではありません。そこで父親は、ゲームを餌にして僕に勉強させました。（一同笑）きっかけはこういう単純なことなんです。はじめはご褒美欲しさで嫌々やっていたとしても、いつのまにか勉強そのものが好きになる。その過程で、勉強のすばらしさを少しずつ理解し始め、自信もついていくのだと思います。

中国の現状の教育システムでは、テストの結果が非常に重要視されます。テストの結果だけが唯一の尺度と言ってもいい。一生懸命に勉強を続ければ、いつか成績は上がって、同級生や教師が感心してくれる。さらに、周りの人から褒められると、それがインセンティブとなってもっと勉強するようになる。

僕も小学生の時はゲームソフト欲しさから勉強に励みました。でも中学生になると、ご褒美なしでも自分から勉強するようになっていました。だから、少なくとも僕のケースで言えば、金銭的インセンティブはうまく働きました。（一同拍手）

サンデル　よく分かった。君は、活動によっては金銭的インセンティブがその活動の意味を変えてしまうこともある、と言った。それこそ、先ほど反対派から出た意見だった。勉強や読書の対価としてお金を払えば、学習や読書の本質的な学ぶ喜びを追い出し、締め出してしまうかもしれない。だが君に関して言えば、そうではなかった。君はお金に釣られて、一生懸命勉強し、良い成績を取ろうとした。はじめはお金のためだったにもかかわらず、君自身だんだんと勉強と読書が好きになった。勉強と読書の習慣がつくようになったわけだ。ありがとう。

今の二人の意見について、一つ注目したい点がある。どちらのケースでも共通していた議論だ。勉強や読書という活動に市場価値や金銭的インセンティブを持ち込むと、誤った教訓を子どもたちに教えかねない。学習の本来のあり方——みずから勉強を好きになること、金儲けではなく自分自身のために学ぶこと——そのあり方を締め出し、腐敗させてしまうかもしれない。

同時に、こういう議論もあった。間違った理由、あるいは金儲けのために始めたとしても、それが勉強の習慣につながることもある。そうやって勉強や読書を続けていくと、いずれ勉強や読書そのものが好きになる。ありうる話だ。

では実際、学校で子どもたちにお金を払ったアメリカの実験でどのような結果が出たか。結果はさまざまだった。成績向上のための金銭的インセンティブのほうは、どれもあまりうまくいかなかった。一方で、本を一冊読むたびに二ドルもらった八歳の生徒たちは、実際に本をたくさん読むようになった。どんどん薄い本を選ぶようになったのだが。（一同笑）

だが一番の問題は、本を読んでもお金をもらえなくなったとき、子どもたちがどうなるかということだ。先ほどの彼の意見のように、はじめはお金のために嫌々だったとしても、時間が経つにつれて自《おの》ずと勉強と読書への興味が芽生えるケースもあるかもしれない。あるいは、金銭的インセンティブの反対派が主張したように、子どもたちが間違った教訓を学び、読書は仕事であり、単に金儲けの手段だと考えるだけに終わるかもしれない。

結果がどうであれ、今日の議論が指し示すのは、金銭的インセンティブを使うと――市場を使って財を分配したり、行動を促したりすると、そのもの自体の性格や価値、意味が変わってしまうことがあるということだ。この意見が正しいとすれば、お金や市場、金銭的インセンティブを取り入れるべきか否かは、単なる経済問題ではなくなる。そう、倫理上の問題でもあるのだ。どんな姿勢や価値観を後押しして、育成していきたいのか？　お金で釣ったり、金銭的インセンティブを導入したりすると、その姿勢や価値観を締め出し、堕落させてしまわないか？

住民が処理場受け入れに対する意見を変えたのはなぜ？

サンデル　スイスで実際に起きた話をしよう。

長いあいだ、スイス政府は核廃棄物処理場を建設する場所を探していた。しかし、そんな施設を抱え込みたいというコミュニティはなかった。最終的に政府は、処理場建設にもっとも安全な場所として、スイス山中のある小さな村を候補地に選んだ。しかし法律により、建設決定には住民の同意が必要だった。そこで建設地決定の前に、政府はその小さな村の住人に調査を行った――「あなたの村が核廃棄物処理場の建設地として連邦議会で選ばれたら、受け入れに賛成票を投じますか？」。

さまざまなリスクが伴うにもかかわらず、五一パーセントの住民が受け入れると回答した。

続いて、調査員は二つ目の質問で「アメ」を付け加えてみた。「この村が核廃棄物処理場の建設地に議会で選ばれた場合、村民一人ひとりに毎年補償金を支払います」――ちなみに、提案した額は一人当たり六〇〇〇ユーロ。「それなら核廃棄物処理場の建設に賛成してくれますか?」

さあ、これでどのくらいの住人が賛成したと思う? 何パーセントくらいか、答えを言ってみて。少なくなるだろうか?

五〇パーセント以下だと思う人は? じゃあ増えたと思う人は? 今、会場から八〇パーセントの声が聞こえた。

現実はこうだった。補償金をプラスした二つ目の質問では、処理場の受け入れに賛成と答えた人は五一パーセントから二五パーセントに半減した。つまり、標準的な経済分析とは矛盾する結果が出たわけだ。標準的な経済分析によれば、ある負担を受け入れてもらうための金銭的インセンティブや金銭の提供は、受け入れの意欲を増すことはあっても、減らすことはないとされる。しかし、この調査では賛成が半分以下になった。これをどう説明する?

誰か説明できる人は? では君、どうぞ。

男子学生6

僕は、経済的な恩恵だけでなく精神的な恩恵も考慮すべきだと思います。住民は、お金とは別のところに重きを置いていたんじゃないでしょうか。核廃棄物を自分たちの村に受け入れることで、愛国心のようなものが満たされれば、人々はそれで満足するでしょう。でも補償金を渡せば、彼らは後ろめたい気分を味わってしまうと思います。

サンデル　これは興味深い意見だ。

男子学生6　先生は雷鋒[①]のことをご存知でしょうか？　我が国にはかつて、お金を求めず、道徳や礼節にすべてを捧げる人がたくさんいました。でも、普通なら大多数の人は道徳心よりお金を取るでしょう。しかし、僕たちは共産主義社会に生きています。共産主義の定義は、誰もが高い道徳心を持つことですから、（一同笑）経済的な利益を犠牲にしてでも道徳や国や社会への貢献を選んでも不思議はありません。

サンデル　ありがとう！　とても興味深い答えだ。君の答えがすべて説明してくれた気がするよ。

さて、このスイスの調査結果については二つの解釈が考えられる。金銭を提供されたとき、こう思う住民もいたかもしれない。「お金を出すと言っているくらいだから、想像していた以上に危険にちがいない」と。その結果、受け入れる意志が薄れてしま

①雷鋒（一九四〇―一九六二）　貧しい小作農の息子として生まれ、中国人民解放軍の兵士となる。自らの貯金や給料を被災者に寄付したり、配給された食料を困っている人に分け与えるなど、自己犠牲的な精神で奉仕活動を行った。二一歳で事故により殉職。死後、毛沢東によって「雷鋒同志に学べ」運動が全国的に展開された。

った。ただ実は、この仮説はすでに検証されていて、住民の危険性への認識は、金銭の申し出の前も後も変わらなかったと証明されている。だとすれば、先ほどの彼の主張がやはりすべてを説明してくれる。五一パーセントの人が、お金の見返りなしに核廃棄物処理場の建設を受け入れようとしたのは、愛国心や公共心を反映するものだった。処理場は国のどこかに作らなければいけない。この村に作るのが一番安全なのであれば、市民としての責任を果たすためにも、犠牲となる覚悟だった。

「補償金の話を出した後、なぜ意見を変えたんですか？」と住民に尋ねると、多くの人の答えが同じものだった――「お金で買収されたくないから」。つまり、お金の話が出た時点で、核廃棄物処理場建設の提案の「意味」が変わってしまったということだ。それまでは市民としての責任や公共心、愛国心の話だったのに、急に金銭取引に変わってしまった。提案の意味が変わったことで、公共善のための行動であるという意識を追い払ってしまった――あるいは少なくとも半減させてしまった。繰り返すが、金銭の申し出によって公共心、市民としての責任感を締め出し、損なってしまったわけだ。

では、先ほどのお金と勉強の話を思い出してほしい――スイスの村でのこの出来事と通じるものがあるはずだ。子どもにお金を渡して本を読ませたり、勉強させたりするのは良くないとの意見に君たちの多くが賛同した。その理由は？　学ぶことの本質的な喜びを締め出し、損なってしまうからだ。

多くの経済学者は、市場は中立的だという前提に立っている。市場は自力では動けないし、取引対象に直接影響を与えたり、傷付けたり、変化を加えたりすることはできない、と。だが今夜の議論に鑑みれば、標準的なこの経済思考が真実でないことは明らかだ。液晶テレビやｉＰａｄ、ＢＭＷといった物質的な商品の話であれば、真実かもしれない。ｉＰａｄを私が自分で買おうが、プレゼントとしてもらおうが、ｉＰａｄ自体の機能は変わらないし、価値にも影響はない。しかし、今夜の議論で取り上げたような非物質的な領域――健康、教育、人間関係、家庭生活、市民生活などではどうだろう？　こういったものは、ひとたび「市場化」（marketize）――つまり、市場に出して商品化すると、その価値と意味が変わる場合があることがわかった。だとすれば、今夜の私たちの討論と対話から、二つの結論が導き出せると私は思う。

まず一つ目に、経済学の主題について。二〇世紀以降、経済学者たちは――まあ、「経済学者の多く」と言っておこう、全員ではないから――経済学を合理的選択（rational choice）に基づく価値中立的な科学（value-neutral science）と理解してきた。さらには、原則として生活のあらゆる側面に適用できる合理的選択の科学だ、としている。しかしもし、市場の論理や経済学的思考、金銭的インセンティブがものの意味を変えることがあるとすれば、市場が中立的なメカニズムであると決めつけるのは間違いだ。どんなケースにおいても、我々は市場をどう利用するのかをみずから適切に判断し、重要な価値観、姿勢、規範が市場の利用によって締め出されたり、損われたりしていないかを見極める必要がある。この疑問に答えるには、経済効率を考慮するだけでは足りない。答えを導く唯一の道は、道徳的な分析を加えて議論を重ねることだけだ。教育、健康、法律、市民生活といったいかなる非物質的領域でも、我々にとって大切な価値観、姿勢、規範とは何かを常に熟議することが重要だろう。

経済学を道徳・政治哲学とふたたび結び付ける必要がある。アダム・スミスと古典派経済学者によって経済学が生み出された時、経済学は道徳・政治哲学が枝分かれした一分野だと理解されていた。しかし今、市場の思惑によってものの意味が変わり、大切な姿勢や価値観が締め出されてしまっている。だとすれば、市場が公共善に役立つ場合とそぐわない場合を見極める必要に迫られている。経済学を価値中立的な科学として理解するだけではなく、道徳・政治哲学と再び結び付ける必要があるということだ。そうすることによって、私たちは、どんな姿勢や価値観が重要なのかを熟考し、論じ合うことができるようになるのだ。それが一つ目の結論。

二つ目の結論は、我々の人生においてお金と市場がどんな役割を果たすべきか、という問題に関連する。つまり、この講義の最初の質問に戻るわけだ。私の見立てでは、この二、三〇年、私たちの多くは特に深く考えもせず、大きな勘違いをしていた——

市場そのものが、公共善を達成するための手っ取り早い道具だと思い込んでいたのではないだろうか？

つまり、「善き社会を作るうえで考えなければならないのは、経済効率とＧＤＰを最大化にすることだけだ」という観念に我々ははまり込んでいた。これは、世界中の国々にあてはまる。特にアメリカ社会はその傾向が強く、おそらく中国も同様ではないだろうか。君たちの判断を仰ぎたい。それでも、両国の社会で「何かが欠けている」という意識が芽生えつつある、と私は思う。経済効率や経済発展、市場万能主義、あるいはＧＤＰ至上主義といった考え方は、我々の生活を管理し社会生活をまとめていくのに適切な、あるいは完璧な方法ではない、という認識だ。

私は旅先でも、アメリカ社会でも、中国でも、この経済効率や市場を第一とする考えに疑問を呈し、異議を唱えて、ほかの価値基準、より高い価値基準を模索しようとする強い欲求を目にしている。切に求められているのは、「善き生活」を追求する方法であり、健康や教育、人間関係、家族生活などを扱うのに、どんな姿勢や価値観や規範がふさわしいか、という議論も含まれる。では一体何が、ほかの道徳的よりどころを考える手立てを与えるのだろうか？

答えは、今夜、我々が行ってきたような、議論することのなかにあると、私は思う。それは、いかにして経済原理を応用するかということだけでなく、市場の論理や市場原理やお金の力を利用して、世の中の「善」を分配することの是非やその適用範囲にも及ぶ内容だった。家族生活や人間関係、健康、教育、法律、市民生活など、特定の生活領域で、我々は市場価値とは別の価値を重視していると言えるのかもしれない。

講義のしめくくりに伝えたいのは、今夜取り組んだように、私たちは力を合わせて倫理や道徳にかかわる困難な問いの答えを探し始めなければならない、ということだ。それは、我々の社会生活を左右する価値観を経済学的に問うだけではない。お金と市場が我々の社会で果たす役割を問うことは、経済学的な問いにとどまらないのだ。もっとも根底にあるのは、我々がいかにして共に生きていきたいか、という問いである。我々が望む社会は、何でも売り物にしてしまうのだろうか？　それとも市場には評価できず、お金で買うことができない、道徳的市民的「善」が、そこには存在するのだろうか？

どうもありがとう。（一同拍手）

（講義後の質疑応答）

サンデル　もう少し時間があるので、質問を受け付けよう。今夜テーマになったことでもほかのことでもかまわない。

女子学生6　誰か？　はい、そちらの立ち上った女性、どうぞ。

ちょっと幅広い内容の質問をします。以前は、お金があればあるほど、ＧＤＰが高ければ高いほど、生活の質や道徳水準も高くなる、と考えられていました。しかし、発展の過程でこの傾向は変化し、国をよりよく発展させようとするうえで、これらの物質的価値は生活を評価する目安にはならなくなっています。むしろ、それらに振り回されて、不道徳なことをしてしまっているんです。公正さは奨励されるどころか、徐々に失われています。私がうかがいたいのは、このような作用が起こる仕組みです。どこでこの変化は生じるのでしょうか？　このような問題について、道徳的にどう説明すればいいのでしょう？

サンデル　君の質問は理解したと思う。うまく答えられるかどうか、やってみよう。君の言うとおり、確かにとても幅の広い質問だ。話を具体的にしよう。

中国は、改革開放による市場経済導入以後、めざましい経済発展を遂げてきた。世界史上最大の成長を達成した経済の一つだ。それは著《いちじる》しい成功として世界中に認められ、極めて多くの国民が貧困から脱することができた。中国の経済発展がこの段階に至って、人々は善き生活の意味について、より大きな問題を問いかけ始めているようにに見える。

経済発展が始まったばかりの国では特に、経済成長や生活水準の上昇の延長上に善き生活があることは、容易に想像できるだろう。多くの点で、これは事実だ。生活水準が上がれば、より多くの人々がよりよい暮らしが送れるようになり、生活の満足度が上がる。しかし、経済成長が必ずしも善き生活の目安にならなくなるときは、いずれやってくるものだ。一旦、基本的生活必需品が揃い、子どもたちを養えるようになれば、人々は当然のように、ほかの問題を問いはじめる。それは、富やお金で買えるものの蓄積の先にある問い、つまり何が人生に意味や価値を与えるのか、という問題だ。

今夜ここで展開された議論でも、以前中国に来た際に行った同様の議論でも、特に君たちのような若い世代が、善き生活の意味という大きな問題を問いはじめていることに、私は感銘を受けている。それはつまり、経済成長や経済発展が重要でなくなるわけではないが、経済成長や経済発展だけでは、善き生活の問題に完全な答えを出せなくなりつつある、ということだ。さまざまな点で、君たちが抱えている問題は、アメリカが直面してきた問題であり、多くの先進国がここ数十年間に直面してきたものにほかならない。

我々は心のどこかで、ＧＤＰの上昇はより大きな人間の幸福に相当する、と考えている。しかしＧＤＰが増え社会が繁栄するにつれ、どんな国でも、人はＧＤＰの拡大と人間の幸福と善き生活が、必然的かつ単純に結び付いているという考えに疑問を抱き始めるのだ。人生の意味や価値、倫理、正義、公正さの問題が、より重要になってくる。これらの問題が、アメリカやヨーロッパをはじめとする恵まれた社会の学生たちがそうであったように、中国の学生たちからも問われているという事実は、次の世代、これからの数十年間が、非常に興味深い時代になることを示していると思う。我々は、経済学の先にある生き方を深く考え始めるようになるだろう。それは、善き生活や善き社会を生む要素やその意義のよりどころを熟考する時代となるにちがいない。今回のような議論が、そういった考えを促すことができるのなら、それはある意味、哲学と哲学をめぐる議論が目指す理想の姿となるだろう。

この議論に参加させていただいたこと、温かく歓迎していただいたことに感謝します。どうもありがとう。（一同拍手）

北京での講義を振り返って

中国で市場の道徳的限界について講義をして、非常に興味深かったのは、改革開放と目覚ましい経済成長の時代を人々が経験してきた様子を見てとることができた点です。私は講義のなかで、お金で買えそうなものの例を示し、それらを得る権利をお金が決定しうるのかどうかという問いを投げかけ、さらに聴衆の大半が道徳的に躊躇《ちゆうちよ》しそうな事例へと導きます。これは、お金で買えるのはどんなものであるべきか、市場はどんな場合に公共善に役立つのか、お金で価値を判断したり、取引の対象とされるべきではない生活の場面とはどんなものか、より広範な原則を探っていく方法にほかなりません。私が中国の大学生に提示したのは、このような問題でした。

中国各地で講義を行うと、特にお金と市場に関する問題、市場の道徳的限界とは何か、といったテーマで非常に盛り上がります。北京でも上海でも、学生たちの全般的な意見は似通っています。自由市場を選択する意見、つまりお金や市場の原理によって財の分配を決定することが、中国で極めて高い支持を集めていることが分かりました。近年、彼らが経験してきたこと、改革開放と経済成長を考えれば、それも不思議はないでしょう。実際、中国における自由市場への強い支持は、アメリカの聴衆に相通じるものを感じました。自由市場を重視する立場です。その一方で中国の参加者たちは、あまりに多くのものを市場の価値に委《ゆだ》ねたがゆえに社会が支払う代償についても認識しています。不平等や貧富の差、環境への影響が生じうることを痛切に感じているのです。

この二つの反応をまとめていくなかで興味深い議論が生まれてくるのですが、中国各地を訪れて講義を行った際、私はお金と市場の役割、さらにはその適用範囲に対する洞察や意見を試す難しい質問を投げかけ、学生が示す意見や理由をさらに深く掘り下げることにしています。さまざまな例を挙げて、彼らの感覚や直感を試し、学生や参加者が「そこへ市場価値を持ち込むのは行き過ぎだ」と判断する範囲を見極めます。

北京大学での講義では、猛吹雪の後に雪かきシャベルを値上げすること、また被災地で飲料水を値上げすることはフェアか、と問うと、多くの人が「フェアだ」と答えました。さらに、医師に診察してもらう際、優先順位を決めるのはお金か、それとも治療の必要性かについて話し合いました。医師の診察予約券を転売することをよしとする人もいれば、そうでない人もいます。当然、意見は分かれ、医療を受ける権利にどこまで自由市場が介入できるのかという問題について、活発な討論がなされました。医療のような基本的なものに、お金や市場の適用範囲をどこまで広げるのかというのは、私が彼らの意見をぜひ聞いてみたいと思っていた問題です。

最後に春節の帰省列車のチケットを例に挙げた時、初めて「チケットは転売されるべきではないし、オークションで販売されるべきではない」という意見に転じました。それは腐敗につながるものであり、市場の価値を持ち込むのは行き過ぎだ、と考えたのです。これは非常に興味深い点でした。中国では誰もが故郷に帰って家族と共に過ごす休暇である春節の帰省列車のチケットを転売することに関して、大多数が「不当である」という意見を示したのです。帰省列車のチケットにも自由市場の原理を持ち込むべきであると主張する人も一部にはいましたが、少なくとも大半の人は、お金ではなく別の価値で決めるべきだ、という立場をとりました。春節に帰省する権利は、貧富の差に関係なく平等に与えられるべきだと考えていたのです。

マイケル・サンデルの白熱教室

インド　ジャイプル

二〇一三年一月二七日、ジャイプル文学祭野外特別会場。

この特別講義が行われる一カ月前、首都ニューデリーでおぞましい事件が起きた。バスの車内で一人の女子学生が集団レイプされた末に、殺された事件である。犯人たちは逮捕されたが、警察の手ぬるい対応に市民の怒りが爆発し、かつてない規模のデモが発生していた。サンデル教授は真正面からこの事件を講義のテーマに取り上げた。哲学は机上の学問ではなく、現実世界を生きる私たちの手助けになる。サンデル教授の真骨頂が発揮された講義となった。

親に子どもの性別を選ぶ権利はあるか？

（サンデル教授登場。会場拍手）

サンデル　ようこそ。これまで私は、人々が現在直面している差し迫った実例をテーマにしながら、そこに潜む哲学的な大きな問題を議論してきた。今回は、ここインドのジャイプル文学祭の会場で、みなさんと議論したいと思う。

先日、このインドで痛ましい事件が起きたばかりだ。二〇一二年一二月、ニューデリーを走るバスの中で、二三歳の女子学生が集団からレイプされ、殺された。人々は事件に憤《いきどお》り、デモや集会などの市民運動を繰り広げて、女性を標的とした性的犯罪を積極的に取り締まるよう政府に要求した。

そこで今回は、次のテーマについて議論したいと思う。「性的暴行は特別な犯罪か？」そしてさらに、先日の暴行殺害事件が社会に投げかけたさまざまな問題について考えてみよう。

だがその前に、まずはジャイプルのみなさんに、男と女、この二つの性の違いについて聞いてみたい。

質問はこうだ。「親には、生まれてくる赤ん坊の性別を選ぶ権利があるか？」

現代の医学では、男女の産み分けが可能だ。エコー診断で胎児の性別を知り、希望に添わなければ人工中絶することができる。生殖補助医療では、あらかじめ子どもの性別を選ぶことも可能だ。受精卵の遺伝子を診断し、男女のどちらかだけを選んで着床させたり、精子の段階で男女を選り分けて受精させることができる。

みなさんの意見を聞きたい。親には子どもの性別を選ぶ権利があるのか、ないのか。子どもの性別を選ぶ権利がある、という人、手を挙げて。

（会場、挙手する人はごく少数）

では選ぶ権利はない、という人。

（大多数が手を挙げる）

ほとんどの人は、権利はないと考えているようだ。実際、インドでは、子どもの性別を選ぶことは違法だ。人工中絶による選択も、妊娠前の選別による産み分けも許されていない。

ではまず、選ぶ権利はない、性別を選ぶ行為は禁止すべきだ、という人に、なぜそう思うのか聞いてみよう。

そこの男性。

アビシェク　そんなことを許せば、命の誕生のプロセスが、ショッピングと同じになってしまいまます。男女の産み分けは、人間の命を商品のように扱う行為です。

サンデル　どうして性別を選ぶと、命が商品になってしまうのだろうか？

アビシェク　命の誕生は、本来、自然の摂理《せつり》によってもたらされるものです。人間の意志が介在すべきものではありません。親が性別を選べるなら、気に入った商品を選んで、お金を払って買うショッピングと同じになってしまいます。

サンデル　いいだろう。君の名前は？

アビシェク　アビシェク・ジャーです。

サンデル　ありがとう。

今の意見に反対の人は？　何人か手が挙がった。では、その後ろの女性に聞こう。

ディヴィヤ　ディヴィヤです。もし私が将来、子どもを産むとしたら、男と女、どちらの子を持つか、選べる権利が欲しいと思います。子どもを産むということは、その子の命や人生に対して大きな責任を持つということです。その責任を果たすためにも、男の子か女の子か、選ぶ権利が与えられるべきです。

サンデル　君はどちらを選ぶ？

ディヴィヤ　実際には男女どちらでも中絶などしません。ただ、どちらなのか知りたいとは思います。

サンデル　君は、生まれてくる赤ん坊が男か女か、前もって知りたいわけだ。それを知って、何か行動を起こすのだろうか？

ディヴィヤ　中絶はしませんが、男の子か女の子か分かっていたほうが何かと都合がいいと思うんです。心構えもできますし。

サンデル　君には、男の子がいい、女の子がいい、という希望はある？

ディヴィヤ　どちらでもかまいません。

サンデル　どちらでもいい？　ただ知りたいだけ？

ディヴィヤ　名前を考えるのも楽だわ。（一同笑）

サンデル　（笑）早めに名前を考えはじめることができる。確かにそうだ。もう一人聞いてみよう。

ニキータ　ムンバイから来たニキータです。私の考えすぎかもしれませんが、子どもの性別を選ぶ権利が親に与えられたら、たとえば男の子を産む、という選択が許されたとしたら、社会全体における男女の数のバランスが崩れてしまうのではないでしょうか。長い目で見ると、これは良くないことです。悪影響が出ると思うんです。選択が許されたら、ほとんどの人が男の子を選ぶでしょうし、私も男の子を選ぶでしょう。ニューデリーで女子学生の暴行殺害事件が起こった今、女の子を持てば、苦労が絶えないだろうと感じます。特に、あまり裕福ではない家庭で、環境の良くない地域に住んでいる場合、女の子だと危ない目に遭う確率が高くなるかもしれません。

サンデル　では君は、産む前に性別を知りたいと思うのだろうか？

ニキータ　私は、ほとんどの人が男の子を選ぶと想定して意見を言いました。もちろん、女の子を選ぶ、という人のほうが多いのかもしれません。どちらにしても、一方の性別に好みが偏れば、人口の男女比が崩れてしまう可能性があります。私は、それを心配しているんです。

サンデル　少し整理しよう。

親が生まれてくる赤ん坊の性別を選ぶ権利に対して、反対意見が出ている。一つは、今のニキータの意見。人口の男女比が崩れてしまうかもしれないから反対。事実、現在のインドの子どもの数は、男の子一〇〇〇人に対し、女の子が九一四人と言われている。北インドのある地域に限れば、女の子の数は八〇〇人にまで減る。つまり、ニキータの心配が現実のものとなっているわけだ。秘かに行われている男女の産み分けによって、人口の男女比はすでにバランスを崩している。インドの総人口を見てみると、男性の数が女性よりも三七〇〇万人も多くなっている。

ニキータ　私は、子どもの性別を前もって知りたいというディヴィヤの言うことも分かります。でも性別を知った場合、子どもの幸せを望むまっとうな親ほど、どちらかの性別だけを選んで産もうとするかもしれません。一人の親の意見として気持ちは分かりますが、社会全体で考えた場合、これはとても大きな害をもたらします。

サンデル　興味深い意見だ。ニキータ、君はこの問題を提起するときに、君自身も男の子を選ぶと思う、と言った。

ニキータ　おそらくそうします。そのほうが心配事が減るから。自分勝手な考えだけど、男の子を選びますね。

サンデル　女の子に比べて、身の安全を心配しなくてもすむというわけだ。

では会場の意見はどうだろう。現在の法律のことは少し忘れて、もし子どもの性別を選べるとしたら、男の子を選ぶという人、手を挙げてみて。

（会場、挙手をためらい、気まずい笑いが起こる）

ニキータ、みんなは意見を言いたくないみたいだ。君はとても勇敢だった。

では、女の子を選ぶという人。

（大多数が挙手）

ここジャイプル文学祭の参加者は、女の子を選ぶ人が多いようだ。どちらにしても、前もって性別を知りたいという点には賛成している。

ニキータ、君の予想は間違っていたのかな？　この会場の中で、男の子を選ぶと申告した人は、とても少なかった。でも君は勇敢だったよ。

ニキータ　私の予想は外れましたね。ただ、私と同じように大勢の人が男の子を選べば長期的には人口の男女比が崩れてしまう、これが私のいちばん言いたかったことなんです。

サンデル　よく分かった。君はとても勇気がある。

もう一度、男女の産み分けに対する意見を整理しよう。一つは、本質的な反対意見と言えるだろう。社会的な影響が大きいか小さいか以前に、子どもの性別を選ぶことは、子どもを道具やもの、商品として扱うことにほかならないから反対、という考え方。もう一つは、行為の結果を重視した、男女のバランスが崩れてしまうから反対、という意見。

二つの反対意見に、異論のある人はいるだろうか？

よし、その列の男性。

ブリジェシュ　地元ジャイプルのブリジェシュです。夫婦の間に、望んでいない性の子どもが生まれた場合、たとえば、男の子が欲しい夫婦に女の子が生まれた場合、その女の子は、親の落胆をいつも感じながら成長していくことになります。すると、親との間に心の距離が生まれてしまいます。親は、女の子である自分ではなくて男の子が欲しかったんですから。そんなふうに親との間に溝を感じて苦しむくらいなら、生まれないほうがましです。親から十分な愛情を与えられることなく育つ子どもは、心に大きな傷を負ってしまいます。

サンデル　親の落胆が態度に表れて、子どもを傷つけてしまうというわけだ。

ブリジェシュ　インドではそういう例があります。インド人の多くは男の子を望みます。産まれた子が女の子だと、親は「ああ、男の子じゃなかった。息子が欲しかったのに」とがっかりするのです。親のその気持ちを、生まれた女の子はずっと感じながら育ちます。子どもにそんな思いをさせるなんて、かわいそうです。

サンデル だから親には、望む性別の子どもを産む権利を与えるべきだ、と？

ブリジェシュ 女の子に辛い思いをさせるよりはましです。親に失望されていると感じる子どもには、自尊心が育ちません。

サンデル 親の失望が子どもを苦しめる、というわけだ。では、親が子どもの性別を選べれば、その問題は起こらないのだろうか？ 自ら女の子を選んで産んだ親は、そうでない親より娘を大事にして、たくさんの愛情を注ぐだろうか？

ブリジェシュ そう思います。

サンデル どうもありがとう。

性的暴行はその他の暴力より悪質か？

サンデル 親には子どもの性別を選ぶ権利があるか、という問題に対して、さまざまな意見を聞くことができた。

今度は、この性別の選択という問題と、女性に対する性的暴行の問題との関連について考えてみたいと思う。インドではこの数十年間で、子どもの性別を選んで産み分けをする親が現実には増えている。同時に、女性が被害者となる暴力犯罪、性的暴行事件も増えてきている。この二つの現象に関連はあるのだろうか。関連があると思う人、手を挙げて。

（会場、半数くらいが手を挙げる）

関連はない、と思う人は？

（挙手する人は先ほどより少ない）

意見が割れている。だが、関連があると考える人のほうが多いようだ。特にここ最近で増えている子どもの産み分け、男女の数のアンバランスと、女性を狙った暴力犯罪には関連がある、そう考える人が多数派だ。

ではいよいよ、性的暴行という犯罪について考えよう。最初の質問はこうだ。

「性的暴行は、そのほかの暴力行為よりも悪質な行為だろうか？」

挙手してほしい。性的暴行の方が、罪が重いと考える人。ほかの暴行罪よりも重大な犯罪だと思う人。

（会場、大多数が手を挙げる）

では、そうではない、と思う人は？

（手を挙げる人は少数）

性的暴行のほうが悪質だという意見が多数派だ。どうしてそう考えるのか、意見を聞かせてほしい。

マライカ　デリーから来たマライカです。私はレイプされた女性たちについての記事を読んだことがあります。彼女たちは、いっそ殺してほしかったと言っています。一生涯、恥辱を背負って生きるよりましだからです。もちろん立ち直る被害者もいるでしょう。ですが、性的暴行は、肉体だけでなく精神をも傷つける行為です。さらに、被害者の家族までをも打ちのめす行為なのです。いっそ殺されたほうがよかった、そう思えるほど、ダメージは深刻です（涙声）。

サンデル　被害者の家族がどんな傷を受けるのか、説明できるだろうか。

マライカ　インドには、レイプの被害者を悪く言ったり、そうでなくとも白い目で見たりという風潮があります。加害者を責めることは二の次です。大人は、男の子たちに、「女性を襲ってはいけない」と教えるよりも、女の子たちに「自分の身を守れ」と教えます。ですから被害者の家族もこう思い詰めてしまうのです、「娘の身にこんなことが起こってしまった。この子の人生はどうなってしまうのだろう、もうおしまいだ」。でも実際には、性的暴行の被害者であっても、悲劇を乗り越え、忌まわしい経験から

サンデル　解放され、立派に生きている人は大勢いるのです。性的暴行は、そんなふうに家族まで傷つけてしまう、だからほかの肉体的な暴力よりも、罪が重い。君はそう考えている。

マライカ　そうです。

サンデル　被害者家族も思い込みを改めるべきだろうか？

マライカ　その通りです。性的暴行を受け、心に深い傷を負った女性には、家族の支えが必要です。そんな時、家族に「お前の人生は終わりだ」というような態度を取られたら、被害者はどうやって生きていけばいいのでしょうか。私たち女性は、どうやって社会に立ち向かえばいいのでしょうか。今のインド社会には、被害者を支えていくシステムがありません。このことが、さらに被害者を追い詰めています。性的暴行の被害は、その行為が終わればおしまい、ではありません。家族がそのことについて口にするたびに、誰かが話題にするたびに、被害者の傷口は広がっていくのです。（一同拍手）

サンデル　ありがとう。

では、誰か今の意見に反論できるだろうか。

性的暴行も、その他の暴力も、罪の重さは変わらないと思う人だ。では、その真ん中の女性。

スチェータ　ムンバイから来たスチェータです。性的暴行も、親が男の子を欲しがることも、インド社会にはびこる女性蔑視の表れです。（一同大拍手）「女性が処女を失えば人生は終わり」、そんな考えはナンセンスです！　もし私が腕を失えば、生活が不自由になります。そのほうが事態は深刻ではありませんか？　私がひとり娘だったとしたら、両親の老後の面倒をみなくてはなりません。そのために必要なのは、この両腕です。純潔ではありません。（一同拍手）男性は女性に純潔を求めるものですが、私はそんな欲求に従うつもりはありません。性的暴行だけを特別に凶悪な犯罪とみなすのは、男性優位の考え方です。女性もその考えを受け入れる傾向にあるけれど、私には理解できません。

サンデル　興味深い意見が出た。あなたは性的暴行がその他の暴力より重大な犯罪である、という主張を否定する。なぜなら、その主張は女性蔑視の考えに基づいているからだ。女性蔑視の風潮は捨て去るべきだ、ということだろうか？

スチェータ　そのとおりです。

サンデル　それではあなたは、女性への差別をなくすもっとも良い方法は、性的暴行もその他の暴力も同じだと主張することだ、と考えるのだろうか？

スチェータ　そのとおりです。性的暴行を特別視することは、女性の人間性とアイデンティティを否定することです。私のアイデンティティは、私の純潔よりも価値あるものです。私は一人の人間、社会の一員としてさまざまな活動をしています。結婚まで純潔を守

レイプを特別視すると女性蔑視がなくならない、と訴え続けたスチェータ

れるかどうか、そんなことには囚《とら》われず、人生を切りひらいてきました。そんなことが一体どれだけ大切だというんでしょう。

サンデル　よく分かった、ありがとう。とても興味深い意見だ。

今度は、性的暴行もその他の暴力も罪の重さは同じだ、というスチェータの今の意見に反対する人の考えを聞きたい。

では、後ろのほうの女性。ぜひスチェータに直接反論をして、説得してみてほしい。ムンバイから来たサビーナです。スチェータも立ってもらえますか？　顔を見て話したいので。

サビーナ

スチェータ　私はここよ。

サビーナ　ありがとう。あなたの意見には、賛成できる部分もあります。ただ私は女性ですから、男性に強姦されることほど恐ろしいことはないと思います。性的暴行は、肉体も精神も傷つける暴力行為です。女性の純潔に価値を見出すべきではない、という点では、あなたと同意見。ですが性的暴行は、女性という存在そのものに対する攻撃だと思うんです。女性に生まれた私は、女性の体を持っていて、そのために男性よりも弱い存在です。そして、その弱さが攻撃の対象にされるのです。

そしてもう一つ、性的暴行とその他の暴力を比べた場合、性的暴行だけが憎むべき凶悪犯罪なのではありません。世間には、男性から性的ではない暴力を日常的に受けている女性もいます。夫から、時には職場の男性からも。あるいは職場の上司が、暴力までは振るわなくても、セクハラ発言をしてくるかもしれません。いくら言葉だけでも、何度も繰り返されれば女性にとっては苦痛です。これも一種の精神的な性的暴行と言えるのではないでしょうか。

そう考えると、性的暴行とは、肉体にとどまらない、人間性そのものに対する野蛮な攻撃だと言えます。そして、その被害者となるのは、常に女性なのです。残念ながら、男性の体を犯すことはできませんから！（一同拍手）

サンデル　いいだろう。では、スチェータにも反論してもらいたい。

スチェータ　〝女性であること〟についての考え方に同意できません。サビーナ、あなたは女性の体を持つことが弱いことだと言いましたね。それは違います。（一同拍手）私は、肉体の小さな違いだけで、私という人間すべてを判断されたくありません。性的暴行が憎むべき犯罪だという意見には同意します。でも、それはほかの暴力行為にも言えることです。あなたは、性的暴行をとても狭い視点から見ていませんか？　たとえば、体に触れられるだけなら許せますか？　そんなはずはありません。どんな形であれ、性的暴行は許されないのです。そして、自立した一人の人間に対するいかなる暴力行為も、同じように許されないことです。私は性的暴行だけを特別視することはしたくありません。

サンデル　スチェータから、性的暴行だけを特別視したくない、という意見が出た。しかしサビーナ、君は先ほど「性的暴行は肉体的暴力にとどまらない、女性という存在そのものを攻撃する野蛮な暴力行為だ」と言っていた。今のスチェータの意見に反論は？

サビーナ　私は女性です。私より力の強い男性と部屋に二人きりになり、相手に襲われそうになったら、知恵をめぐらせて逃げることはできます。逆に言えば、それしか逃げる方法がないのです。たとえば企業で働く女性は、知性や知識を武器に昇進し、男性より大きな力を持つこともできます。でも、肉体的な強さでは、男性に負けてしまいます。これは否定できない事実です。まるで大人と子どもです。大人が、自分より弱い子どもに暴力を振るう行為をどう思いますか？　人気《ひとけ》のない通りで男性とすれ違うとき、私は大人の前の子どものような恐怖を覚えます。いくら体を鍛えても、ほとんどの男性にはかないません。男性の方が生物学的に強いのですから、女性にはどうしようもありません。性的暴行だけを特別視しようとは思いませんが、性的暴行は、弱い者に対する攻撃にほかならないのです。

サンデル　ありがとう。
　ではもう一人、性的暴行は特別な犯罪だ、という人の意見を聞こう。その他の暴力行為よりも罪が重いと考える人だ。
　では、そちらの男性。

アヌバヴ　デリーから来たアヌバヴです。まず、女性だけでなく男性も性的暴行を受ける可能性はあります。それから、性的暴行は相手の性を侮辱する行為というより、人間の誇りや、尊厳を傷つける行為です。しかし、その他の暴力は、肉体に対する攻撃に過ぎません。人間にとって大切なものに順位をつけるとすれば、誇りや尊厳のほうが、肉体よりも上にくると僕は考えます。

サンデル　つまり、人間の尊厳やアイデンティティを踏みにじる行為だと。だから性的暴行は特別な犯罪だと。

アヌバヴ　そうです。事実、成熟した社会においては、性的暴行は、その他の暴力よりも憎むべき凶悪な犯罪ととらえられるべきなのです。動物を見てください。羊は性的暴行を受けても気にしません。羊にとっては、無理矢理交尾をさせられることも、殴られることも同じなのです。そのレベルに落ちたいですか？　性的暴行と、その他の暴力を同じに扱い、動物のようになりたいのですか？　僕は人間としての尊厳を守りたい。動物よりも優れた存在でありたい。僕には、生きるうえで大切にしている信条があります。それは、家族の女性たちを敬うことです。そのことを、ほかの何よりも優先させています。もし、家族の女性たちの尊厳が傷つけられれば、僕に対する侮辱と受け取ります。

サンデル　ありがとう。では、そちらの女性。

クシ　ジャイプル出身のクシです。デリーに住んでいます。

サンデル　クシ、性的暴行は、その他の暴力よりも悪質で、特別な犯罪だろうか？

クシ　ほかの人も言っていたように、それはインド社会特有の状況だと思います。インドでは、性的暴行を受けた女性の家族までもが苦しまなくてはなりません。そして家族は、その女性の人生はおしまいだと否定するようになるのです。

サンデル　家族のそうした態度は望ましくない、と思うのだね？

クシ　まったく望ましくありません。

サンデル　では先ほどのスチェータの主張に、君は賛成するだろうか？　スチェータは、被害者の家族の態度をはじめとした女性蔑視を助長する風潮を改めさせるには、性的暴行もその他の暴力も同等に扱うべきだ、と発言した。

クシ　同等に扱うかどうかよりも、社会の風潮を変えるほうが重要です。それは、時間のかかる取り組みです。単純に白黒はっきりつけられる問題ではありません。たとえ憲法で「性的暴行もその他の暴力も、同程度に凶悪な犯罪である」と定めたとしても、それだけで解決できるとは思いません。

サンデル　ではここで一歩踏み込んで考えてみたい。性的暴行には、その他の暴力よりも、厳しい罰が与えられるべきだろうか？

クシ　事件によると思います。男性が女性に性的暴行を加え、肉体的にも酷いダメージを与えたとしたら？　ニューデリーの女子学生の事件もあてはまると思いますが、この場合は厳しく罰するべきでしょう。レイプというのは、単に女性の体を陵辱することだけではありません。それ以上の重みを持っているのです。

サンデル　スチェータ、君は性的暴行の処罰について、どう考えるだろう。

スチェータ　私はもう少し大きな視点でその問題を考えたいと思います。まず、ニューデリーでの事件について話をさせてください。デリーは以前から、女性にとって危険な街とされてきました。私自身、デリーに引っ越したいとはけっして思いません。（一同拍手）あの街で女性が軽んじられていることは、周知の事実だからです。あの事件が起きたときも、人々があそこまで憤ったのは、女子学生が性的暴行を受けたからではありません。執拗なまでに痛めつけられ、殺されたからなのです。あの事件は性的暴行にとどまらない、残忍な事件でした。あそこまでの事件が起きて、人々はようやく、何かがおかしいと気づいたのです。

そしてその後、人々は犯人に対するリンチや報復を訴えるまでになりました。事件直後、怒りに我を忘れた人々から、こうした主張が出てくることはやむを得ません。しかし、犯人に報復をしても、性的暴行はなくなりません。インド社会における女性の待遇が改善されるわけでもありません。

サンデル　いいだろう。しかし議論は処罰の重さを考えることに集中させたい。先ほどまでは性的暴行について、道徳的な観点から議論してきた。その他の暴行よりも悪質か否かについて、みんなの意見は分かれていた。

次の質問について挙手で会場の意見を聞きたい。「性的暴行はその他の暴力よりも厳しく罰せられるべきだ」と思う人、手を挙げて。

（会場、半数以上が手を挙げる）

なるほど、かなり多い。

では、そう思わない人。

（四分の一ほどが挙手）

挙手は少し減ったが、なかなかの数だ。

では理由を聞こう。まず、性的暴行はその他の暴力より厳しく罰せられるべきだ、と考える人。死刑制度の是非はここでは忘れてほしい。そこの男性。

コウシク

ムンバイから来たコウシク、ジャーナリストです。まず、どんな罪を厳しく罰するべきかという点についてですが、先ほどからみなさんの議論を聞いていて、性的暴行の加害者は、被害者を服従させたいのだと感じました。被害者を意のままにして、自分の欲求を満足させたいのです。これは、インドのもう一つの社会問題である身分制度にも通じるものです。ある人間の命が、ほかの人間の命より価値の低いものとして扱われる、この構造は、性的暴行でも身分制度の問題でも同じです。相手を自分よりも下の存在に貶める行為です。

サンデル　だからほかの犯罪よりも凶悪である、という意見だろうか？

コウシク　そうです。誰かの人生を思いのままに操る行為、自由を奪う、卑劣な行為だからです。

サンデル　他者を貶める、支配する行為だという意見が出た。少し前にも、性的暴行は人間の尊厳を傷つける、侮辱する行為だ、だから凶悪な犯罪なのだ、という意見があった。よし、今手を挙げた男性。

アマール　デリーから来たアマールです。まず僕は、今日の議論の最初に提起された問題の言葉遣いに違和感を覚えました。「性的犯罪は特別な犯罪か？」という質問。「特別」ではなく「残忍な」と言うべきです。

サンデル　では「特別残忍な犯罪」でどうかな？（一同笑）

アマール　特別残忍な犯罪、まさにそのとおりです。特別、という言葉は、優れた、すばらしいことに使う言葉です。僕にとっては、性的暴行は、あらゆる犯罪の中で、もっとも凶悪な犯罪です。

サンデル　殺人よりも凶悪だろうか？

アマール　もっとも凶悪な犯罪です。もちろん、すべての犯罪は悪です。しかし、性的暴行の場合、被害者は陵辱されたうえ、命を失う可能性まであるのです。ニューデリーの女子学生も、鉄パイプで内臓を傷つけられ、その傷がもとで亡くなりました。それでなくとも、性的暴行は重大な罪です。被害者の人間性そのものを、女性という存在そのものを蹂躙する行為だからです。

インド社会は、これまで性的暴行に対し、真剣に取り組んでこなかったという問題を抱えています。性的暴行は人間性、女性の本質を攻撃する行為で、被害者の人生は事件以降、まったく違ったものになってしまいます。だからもっとも凶悪だと言えるのです。殺人犯罪と比べましょう。殺人はたいていの場合、報復という理由がありま す。報復や、強盗が相手に抵抗され思わず殺してしまった、という偶発的なケースもあります。しかし性的暴行は……。

サンデル 性的暴行は女性の本質、アイデンティティを攻撃する行為だ、という主張には、非常に説得力がある。だから君は、偶発的な殺人よりも、凶悪な犯罪だと言うのだね？

アマール そのとおりです。

性的暴行の特別視は女性蔑視の表れ？

サンデル アマールの意見に異論のある人は？　理由を話してほしい。誰か。では、そちらの

トリシャ　女性。

ムンバイから来たトリシャです。アマールの意見に反対です。法律が性的暴行を特別な犯罪だと定めたら、性的暴行が重大な意味を持つと認めることになります。逆に法律が罪の重さは同じだと定めれば、社会は性的暴行の特別視をやめるでしょう。政府はそうした対策を取り、被害者に対する社会の態度を変えていく努力をすべきだと思います。それからもう一点。これまでの議論で多くの人が「女性の本質」とか、「女性を大切に」などと話していましたが、もし私が「君は女性だから僕が守る。女性は特別な存在なんだ」なんて言われたら、余計なお世話です。（一同拍手）私の面倒をみることは、私を子どもとして扱うことです。私は自分の身くらい自分で守ります。面倒などみてもらわなくても結構。それより一人の人間として尊重してほしいのです。女性とは何か、私には私の考えがあります。あまりはっきり主張できていませんが……。

サンデル　いや、はっきり主張しているよ。（一同笑）その点は、異議ありだ。

トリシャ　もう一つ、アヌバヴの意見にも反対です。成熟した社会では性的犯罪が特別な犯罪として扱われるべきだ、という意見でした。それはむしろ、女性が抑圧されている社会だと感じます。レイプされることと、腕を失うことを比べてみてください。どちらも痛ましいことです。しかしスチェータも言っていたように、私が生きていくために必要なのは腕です。純潔ではありません。現状を見る限り、インド社会は男女の違いを必要以上に特別視していると思います。（一同拍手）　女性の面倒をみるという発想は、私たち女性を貶める行為なのです。

サンデル　つまり、性的暴行を特別な犯罪とみなすこと、その他の暴力より厳しく罰することは、女性を守るべき尊いものとして祭り上げているが、その実、男性よりも低い地位に置いているのだ、というわけだ。

トリシャ　そうです。女性を女神のように崇《あが》める一方で、何の力も与えない。女性は尊《とうと》いけれど、か弱く何もできない存在とされてしまうのです。男が守るべきだと主張し、女性が自立することを認めない。特別な存在と言いながら、何の力も与えようとはしないのです。

サンデル　女性を尊重するということに対して、二つの異なる意見が出てきた。一つは、性的暴行は女性に対する攻撃だ、という意見。女性の尊厳とアイデンティティを踏みにじる行為で、許し難い侮辱であり、支配の押しつけである。女性に敬意を払うためには、性的暴行を殺人よりも重大な犯罪と扱うべきだ、という主張だ。もう一つは、いや、そうではない、本当の意味で女性を尊重し、真の男女平等を標榜するならば、性的暴行を特別視すべきではない、という意見。性的暴行を特別視する考え方は、インド社会に根深くある女性蔑視に基づいている、女性を守るべき存在とみなす一方で、女性

集団レイプ事件直後に開かれた特別講義に千人を超す一般市民が集まった

の力を奪うことにつながる。だから、真の男女平等、女性の尊重を実現するには、性的暴行をその他の暴力と同じように扱うことが必要だ、という主張だ。二つの相反する意見が出ている。

どちらに賛成するか、意見のある人はいないだろうか？　では、二列目の女性。

ヴァニーシャ

こんにちは、ヴァニーシャです。コルカタに住んでいます。まず、性的暴行もその他の激しい暴力も、侮辱であり、肉体を傷つけ汚《けが》す行為だと思います。その意味ではどちらも同じです。これまでの議論では、性的暴行と比較する残忍な暴力行為の例として、殺人が挙げられてきました。私は、顔に薬品を掛けられた女性を知っています。皮膚の九七パーセントに火傷《やけど》を負い、亡くなりました。同じような被害を受けて生き残り、生涯消えない傷跡を抱えながら暮らしていかなくてはならない女性たちもいます。

私たちは、性的暴行の被害者に対する社会の態度について、十分に議論を尽くしていません。社会の態度や白眼視を変えなくてはなりません。この点をすべての人が同意してくれることを望みます。そうすれば、性的暴行の被害者は、精神的な傷を克服できるようになるでしょう。心に受けた傷を癒せると思うのです。

しかし皮膚のほとんどに火傷を負うなど、体に大きな傷を受けた被害者はどうでしょう。その後の人生のさまざまな局面に、その傷が影響を与えるのです。行動、

サンデル

人間関係、すべてが制限されます。とても克服できるものではありません。もし私が同じ被害を受けたら、犯人が男であれ、女であれ、許し難い屈辱だと感じます。どうもありがとう。

性的暴行は特別な犯罪である、なぜなら被害者への侮辱であり、アイデンティティや人間性に対する攻撃であり、相手を支配しようとする行為だからだ、という見方について考えてみたい。これは、何かに似ていないだろうか。そう、宗教対立から起こる暴力行為だ。

宗教の異なる相手に対する暴力行為と比べてみてほしい。ヒンドゥー教徒によるイスラム教徒への攻撃、イスラム教徒によるヒンドゥー教徒への攻撃。性的暴行と異教徒への暴力行為は似ていないだろうか？「偶発的な殺人よりも、性的暴行の方が凶悪である、それは、アイデンティティへの攻撃であり、侮辱であり、支配であり、力の行使であるから」この主張は、宗教に基づく暴力にも言えるのではないだろうか。この点について、みんなの意見を聞きたい。

道徳的な観点から見て、性的暴行と異教徒への暴力に類似性があると思う人？手を挙げて。

（会場、三分の一ほどが挙手）

では、まったく違うと思う人？

（先ほどと同数くらいが挙手）

ほぼ半分に分かれた。手を挙げなかった人もいたようだが、どちらか決めかねているのかもしれない。

誰か立ち上って意見を述べてくれる人はいないだろうか。では後ろの男性。

ヴィクラム　こんにちは。コルカタから来たヴィクラムです。宗教対立に関してですが、インドでは、一九四七年と二〇〇二年に大きな暴動①がありました。その時にも多くの女性が被害に遭いました。レイプの対象にされたのです。ヒンドゥー教徒もイスラム教徒も、自分たちの方が文化的に優れている、宗教的に優れていると示すために、ほかの宗教の女性を狙って暴力を振るいます。ここでも女性は利用されるのです。自分たちの宗教に属する女性を守るために、異教徒の女性を攻撃するのです。

ですから、性的暴行も宗教対立も、大きな違いはありません。宗教対立による暴力も、性的暴行という形で表れる場合があるからです。このことは、誰もが知っているはずです。

サンデル　ヴィクラムは、宗教対立が性的暴行の形で噴出する可能性もある、実際にそうしたケースが多い、と指摘した。

ほかに意見は？　そちらの女性、どうぞ。

ジャスキラン　忘れてならないのは、性的暴行で踏みにじられるのは女性の純潔だけではないということです。あらゆる年代の女性が被害者になります。（一同拍手）男性も被害者になります。少年もです。つまり問題は、やはり人間の尊厳なのです。性的暴行は、被害者の人間性そのものを侵害し貶める行為です。単なる性的な暴力ではなく、力を誇示し、相手を卑しめる行為なのです。（一同拍手）性的暴行が凶悪な犯罪であるのは、一生癒えない傷を残すからです。被害者の話を聞いてみると、問題は社会の態度だけではありません。性的暴行という行為自体が、被害者の人間性を傷つけている、これこそが問題なのです。この傷は一生消えず、被害者は自尊心を失ってしまいます。生涯、忌まわしい記憶に苦しめられつづけるのです。心に受けた傷は、小さくなるかもしれません。しかし、被害者の心の一部は破壊され、生涯、元に戻ることはありません。性的暴行を犯す者にとっては、この破壊こそが目的なのです。

ニューデリーの加害者たちもそうでした。犯人の中には、自分は未成年だから責任能力はない、と主張している者もいます。彼らはただ、楽しむためにやったと言います。自分が楽しむために、一人の女性の人生を破壊したのです。それが楽しみ

①一九四七年、ヒンドゥー教徒とイスラム教徒の宗教対立が深まり、インドとパキスタンが分離した。二〇〇二年には、アーメダバードで起きたヒンドゥー教徒とイスラム教徒の対立がグジャラート州全体に広がり、多数の死傷者が出た。

であろうと、暴力であろうと、被害者は苦しみます。そして若者も、老人も、生娘も、そうでない人も、三人の子を持つ母親も、年配の女性も、若い男性も、少年も、誰でも被害者になり得るのです。

サンデル　性的暴行を、その他の暴力行為と同じように扱うことが、男女平等につながる、こう主張する人たちには、あなたは何と答えるだろう？

ジャスキラン　それは理想論で、現実的な考えではないと思います。子どもと同じように扱われたくないという女性たちの気持ちは分かります。しかし人生の先輩として言わせてください。女性に対する性的暴行をその他の暴行と平等に扱う、その時期は必ずやってきます。しかしその前に、まずは女性の地位を向上させなくてはなりません。（一同拍手）女性の社会的立場が低いうちは、女性を守ることも必要なのです。最後になりましたが、私はジャスキランです。放浪の民でして、ニューヨークとニューデリーを行ったり来たりしています。

言葉による暴力は罰せられるべき？

サンデル　男女平等に関する提案がなされた。女性の社会的地位が男性より低いうちは、女性に対する性的暴行を特別な犯罪として取り締まっていこう。そうでなければ公平とは言えない、というものだ。男女平等の意味、女性の尊重の定義、それらをどうやって成し遂げるかについて、意見が割れている。それではここで、いったんこの問題から離れ、最後の質問をしたい。

言葉の問題だ。言葉による嫌がらせ、中傷など。先ほどは性的暴行と、宗教対立に基づく暴力行為を比較した。インドでは、宗教を侮辱する発言は禁じられている。神への冒瀆、宗教に対する中傷は、処罰の対象となっている。では、言葉によるセクシャルハラスメントも同じように罰せられるべきだろうか？ 性的な嫌がらせを含む発言は、罰せられるべきだという人、手を挙げて。

（会場、半数以上が手を挙げる）

罰する必要はないという人は？

（手を挙げる人はごく少数）

ここジャイプルでは、大多数が罰せられるべきだと答えた。その必要はないという人は、ほんの一握りだ。罰せられるべきだという人に理由を聞いてみよう。そこの女性。

サクシ

サクシです。アーメダバードから来ました。女性に対するセクハラ発言や言葉による侮辱は、いかなるものでも処罰の対象になるべきです。先ほどの男女平等にも関係しますが、法律で禁じて、これは間違った行為だという認識を社会に広めなければ、そうした行為はなくならないからです。誰かの信じる宗教を侮辱する発言は、社会的に許されていません。それと同じで、自分の力を誇示したいなどの理由で女性を侮辱する発言をしてはいけないのだと、人々に訴えていく必要があります。

サンデル では、神を冒瀆する発言も、セクハラ発言も、同じように誰かを侮辱する行為だと考えるのだろうか？

サクシ 当然です。

サンデル どちらも力を誇示する行為で、法律のもと、同じように取り締まられるべきだと？

サクシ そうです。どちらも処罰されるべきです。ニューデリーで起きた女子学生の集団暴行事件のあと、多くの政治家や宗教指導者たちが女性の振る舞いをたしなめる発言をしました。被害者の女子学生を非難するような発言まであったんです。許せますか？よくもそんなひどいことが言えたものです。

サンデル 視野の広い話になってきた。では君は、被害者の女子学生を侮辱する発言をした政治家たちを、宗教を侮辱した場合と同じように裁きたい、と思うだろうか？

サクシ ええ。

サンデル 不適切な発言のために罰を受けるべきだと？

サクシ 今回の政治家たちの発言には、そこまで厳しい罰を与える必要はないでしょう。憲法で言論の自由が保障されていますから。ですが、セクハラ発言は別です。私は週に二回ほどもセクハラ発言の被害に遭っています。街を歩いていて、汚い言葉を投げかけられるのです。不愉快です。そんなとき、警察に駆け込んで、「この男が私にセクハラ発言をしました、逮捕してください」と言えたらどんなにいいでしょう。罰してほしい、ただそれだけのことなんです。

サンデル　では、サクシに反論のある人。はい、その後ろの男性。

シダルト　デリーから来たシダルトです。まず僕は、神様への冒瀆を裁く法律は不要だと思います。宗教を批判する発言を罰するべきではありません。（一同拍手）ただし、暴力をそそのかす発言は別です。先日イスラム教徒の政治家が、こんなことを言いました。「警察官がいなくなれば、ヒンドゥー教徒を皆殺しにしてやる[2]」これが、ヒンドゥー教徒からイスラム教徒への発言であった場合でも同じです。誰かを殺すというような発言や、「ビハール州の人間は出て行け」というように、特定の人を差別する発言であれば、処罰の対象となるべきです。しかし、「この宗教の神は悪い神だ」という内容であれば、許容すべきでしょう。自分の宗教を否定されたからといって、相手を

②二〇一二年一二月、イスラム教指導者でもある州議会議員アクバルディン・オウェイシが「一五分警官を排除しろ、その間に大量のヒンドゥー教徒を殺してやる」と発言し、逮捕された。

罰するのは行き過ぎです。（一同拍手）女性に対しても同じです。たとえば先ほどスチェータは、性的暴行を重大な犯罪としてとらえると、女性を特別扱いしてしまうと主張していました。同じように、言葉による嫌がらせを犯罪として取り締まると、同じことが起きてしまいます。

サンデル　その結果、女性が守られるべき存在とされて、真の意味で尊重されなくなってしまう、ということだ。

シダルト　そうです。女性の地位がますます下がってしまいます。

サンデル　いいだろう。よし、今挙手をした女性。君はどう思う?

パロマ　コルカタから来たパロマです。私たちは自由主義国家に住んでいます。しかも、言葉による侮辱については、判断基準が曖昧です。どこからが攻撃で、どんな発言が暴力につながるのか、明確な線引きはできないのです。作家のアルンダティ・ロイ[3]がカシミール問題について発言しても処罰しなくていい、しかし、ラッパーのヨー・ヨー・ハニー・シン[4]が女性を侮辱する曲を歌えば、罰するべきだ、これでは二重基準が存在することになります。（一同拍手）ですから、自由の国であり続けるためには、言論の自由を保障するべきなんです。その一方で私は女性としてセクハラ発言を経験しています。下劣で、女性を貶める内容です。しかし、そういった発言は罰したからといってなくなりはしません。これは、社会に深く根差した問題です。（一同拍手）罰することによってではなく、さらに大きな社会的取り組みや、教育をとおして解決していくしかないのです。

サンデル つまり君は、神を冒瀆する発言を取り締まる法律は要らない、言葉によるセクハラも、罰する必要はない、と主張するのだね。

パロマ ええ、絶対にそう思います。インド人のほとんどは知りませんが、性的嫌がらせは予防拘禁法⑤の対象となっています。ところが現実はどうです？　誰もこの法律を守る気などないのです。

サンデル 自由主義国家についての見解が出た。パロマ、ありがとう。
今回の議論に参加してくれたみなさん、どうもありがとう。
私たちはまず、性的暴行が特別な犯罪であるか、それとも、そのほかの暴力行為と同じであるか、という質問で議論をスタートさせた。そして最後には、言葉による攻撃、いわゆるヘイトスピーチについて話し合った。誰かを傷つけたり、攻撃したり、

③アルンダティ・ロイ　インドの作家、人権運動家。二〇一〇年、カシミール問題についての発言が扇動罪にあたるとして、一時逮捕許可が出された。
④ヨー・ヨー・ハニー・シン　インドのラッパー。ニューデリーの女性暴行殺害事件の後、楽曲の歌詞が女性への暴力や性暴力を肯定するものだとして、女性活動家グループがハニー・シンの逮捕を要求した。
⑤インドでは、当局が治安維持を損なうと判断した個人を拘束することが認められている。

支配したり、そんな目的を持った言論は、自由主義国家において法律で禁止されるべきかどうか。宗教に対する否定的な発言、セクシャルハラスメントにあたる発言、これらを罰するべきかどうか。その後、肉体的暴力、言葉による暴力についての議論を深めていくうちに、平等の意味、特に真の男女平等の意味について、二つの異なる考え方が出てきた。

一つは、女性を尊重するためには、女性に関する固定観念を捨て去るべきだという意見。女性は大切にすべき、か弱い存在だという考え方は、女性を尊重しているようでいて、その実、保護しなくてはいけない非力な存在へと貶めるものである。古くから社会にあるこの考え方を変える唯一の方法は、性的暴行とそのほかの暴力を、道義的にも法律上でも同等に扱うことだと、多くの人が訴えた。同じ主張は言葉による攻撃の議論でも聞かれた。

言葉によるセクシャルハラスメントを処罰の対象にしてはどうか？　この提案については、そうすることで、やはり女性が特別な庇護を必要とする存在に貶められてしまう、という意見が出た。ゆえに自由主義国家では、言論を法律で取り締まるべきではない、それが宗教を侮辱する発言や、批判する発言であっても、性的な嫌がらせを意図した発言であっても、罰するべきではないという主張がなされた。

そして真の男女平等の意味については、もう一つ、異なる意見を聞くことができた。

それは、まず現状を理解し、変えることから始めよう、というものだ。人生経験の豊富な女性がこう指摘した。女性の社会的地位が低いまま、形式的に男女を平等に扱っても、女性が望む形での本当の平等はもたらされない。この考えのもと、真に平等な社会、多様な価値観が共存できる多元的な社会を目指すためには、女性が女性であることを誇り、女性として尊重される世の中を築き上げていく必要がある。そして、ここでいう尊重とは、か弱い存在として守るのではなく、一人の人間として、その尊厳を守ることである。一人の女性を、その人のあるがままに認めることである。

言葉による暴力の議論でも、やはり意見が分かれていた。ある人たちは、宗教を批判する発言やセクハラ発言は、アイデンティティの根幹を攻撃する侮辱だと主張した。それは他者を支配しようとする行為だ、と。そして多元論が受け入れられる社会を築くためには、そうした発言を特別に罰する必要があると訴えた。ただし、議論を聞いているかぎり、男女平等や、多元論に基づく社会の実現については、会場のみなの意見が一致しているように感じた。

にもかかわらず、政治的な見解の違いは歴然と存在していた。インド国民のすべてが衝撃を受け、痛みを共有したニューデリーの悲劇についての議論においても、多様な政治哲学に基づいた、さまざまな意見があることがうかがえた。その中で、それぞれが、それぞれの信じる方法で、あの非劇がもたらした問題に立ち向かおうとしている。

最後に私はこう訴えたい。今日この場での議論、そして、ニューデリーの事件に憤ったインド国民による、全国各地でのデモや集会は、一つの転機なのではないだろうか。あの残忍な事件が起きた今こそ、国民的な対話や市民運動の機運を高め、ゆるぎない道徳基盤に基づいた、道徳的な問題に社会全体で取り組んでいけるような、真の民主国家を築き上げるチャンスなのではないだろうか。

今日のみなさんの議論を聞いていて、哲学というものが、決して浮世離れした学問ではなく、私たちの日常生活や、民主主義の中心に深くかかわるものであることが改めて実感できた。

インド、ジャイプルのみなさん、私の講義に参加してくれて、どうもありがとう。

（一同拍手）

ジャイプルでの講義を振り返って

インドでの講義は、インド国内だけでなく世界中で大きく報じられた集団による女子学生の性的暴行・殺害事件が発生した直後に行われました。

事件のあと、インドでは女性も男性も、それこそ何万という人々がデモや集会などの市民運動に参加し、抗議の声をあげ、かつてなかった形で社会運動を繰り広げていました。人々は事件そのものに対してだけでなく、社会における女性の地位や、性的暴行を犯した者への処罰の甘さに対しても抗議の意思を示しました。インドでは、女性に対する暴行事件、性的暴行事件の容疑者が不起訴処分となるケースも少なくありません。そんななか、とても痛ましい事件が起き、インドの人々は衝撃を受け、良心を揺さぶられました。そうした背景から、司法制度の役割や、女性を尊重することの意味を問い直す、新しい形の社会運動が生まれてきたのです。そして非常に有意義で、激しく、熱のこもった、国をあげての議論が巻き起こりました。性的暴行を取り締まる刑法改正のための委員会も組織されました。

偶然にも、私がインドで講義を行ったのは、そうした動きが起こったすぐあとの二〇一三年一月です。講義には、さまざまな世代の、おそらく一〇〇〇人もの人が参加してくれましたが、特に若者たちの姿が目立ちました。私は、ニューデリーで起こった女子学生の性的暴行事件そのものを講義のテーマとすることに決めました。その事件こそ当時、社会的議論の中心であり、人々の関心の的だったからです。

講義のなかで、性的暴行とはどのような犯罪か、どのように罰するべきか、男女平等とは、女性の尊厳とは何か、などについて話し合いました。あの参加者たちの反応を忘れることは一生ないと思います。男性も発言しましたが、女性たちがより多く意見を述べてくれました。

インド社会を、女性が尊重される社会へと変えていくためには何をなすべきか。この問題について、実に意義深い市民討論が繰り広げられました。問題を提起した私自身が、一人の聴き手として議論の展開に引き込まれてしまったほどです。深い感銘を受けたのは、発言者たち、とりわけ若い女性たちが、正直な思いを率直に語ってくれたことでした。性的暴行という犯罪について意見を述べ、この犯罪が身の周りでいかに頻繁に起きているかを訴え、それが女性蔑視の表れであるという考えを説明してくれました。彼女たちはまた、女性を敬い、か弱い存在として守ろうとすることも、女性の抑圧につながると主張しました。

発言してくれた女性たちの自信や威厳、強さに満ち溢れた姿が胸を打ちました。はっきりと、説得力のある言葉で、自分たちの置かれた現状を訴えたのです。女性たちにとって、暴行事件や性的暴行事件は、新聞記事で読む他人事のニュースではありません。自分たちの人生における実体験なのです。多くの女性たちが差別を受けた経験、暴力や性的暴行の被害者になり得る恐怖について語りました。私は彼女たちの姿に、インド社会を変えていこう、女性が生きやすい、真の意味で尊重される社会に変えていくんだ、という決意を見ました。インド社会に古くから根ざす女性蔑視の風潮をどのように打破っていくか、よりよい社会を築いていくための道筋を探っていたように思います。

私たちはインド国民が心を痛めた性的暴行事件の直後に、その事件について、また女性の尊厳について話し合いました。それは学問と実際の生活が結びついた瞬間です。倫理や民主国家について論じ合う哲学的な議論と、社会で実際に起きた出来事、特に意欲的に意見を述べてくれた若い女性たちの身の上に実際に起きている出来事を、しっかりと関連づけることができたのです。

ですから私にとっては、非常に心に残るケースになりました。倫理、哲学、法律、平等、公平、といった抽象的な概念を、実際の社会問題に結びつけて論じることができたのです。議論に参加した女性たちにとっては、自分たちの将来やインド社会の未来をよりよくしていくために、避けては通れない問題でした。深刻なテーマであるだけにこういう言い方はふさわしくないかもしれませんが、私にとっては、インドで女性が尊重される社会を築くための礎《いしずえ》となり得る議論に少しでも貢献できたことは光栄なことです。

ジャイプルでの講義では、誰かが意見を述べている間にも、ほかの人たちが発言をしたがり、手を挙げたり、手を振ったりして私にアピールしてきました。インドの参加者たちはそれほど意欲的で熱意に満ちていました。ほかの国ではむしろ、発言者を探すのに苦労する場合もあるのです。ここではそんな必要はまったくなく、マイクを奪い合うほどでした。感情的になってもおかしくない、個人的な問題、信じがたいほど残忍な性的暴行事件について参加者たちは積極的に発言し、意見を対立させながらも自分と異なる見解をしっかりと聞き、反論する際も礼儀正しく、丁寧に、そしてときに雄弁に、意見を述べていました。この光景を見て、私はインドの民主主義の将来に大いなる希望を見出しました。胸を打たれる、強烈な、一生心に残るであろう経験となりました。

マイケル・サンデルの白熱教室

ブラジル　サンパウロ

二〇一三年八月二三日、エリス・ヘジーナ・オーディトリアム。

サンデル教授が訪れる直前、ブラジルでは激しいデモの嵐が吹き荒れていた。ワールドカップのスタジアム建設に莫大な税金を投じていながら、バス運賃など公共料金の値上げを発表したことに、庶民の怒りが爆発したのである。ブラジルは目覚ましい経済成長を遂げる一方で、貧富の格差が世界でもっとも広がっている国である。豊かさと引き替えにブラジル社会は何かを失ったのではないか。サンデル教授の挑発に、参加した四〇〇人の大学生と若いビジネスマンたちは、普段は押し殺している本音を吐き出していく。

サッカー・チケットの高値転売はＯＫか？

（サンデル教授登場、拍手）

サンデル　ありがとう。

この講義では、民主主義社会でどう生きるのか、それに直接関係する少々難しい哲学的問題について、みんなに議論してもらいたい。

私は、ブラジルで最近起きたデモについて記事を読んだり、テレビの報道を見たりしてきた。こちらに来てからもデモについてより詳しく知ろうと努めているところだ。そこで全員に教えてほしいことがある。

六月のデモに少なくとも一度は参加した、という人は挙手してくれるかな？

（会場、約半数が挙手する）

それでは参加はしなかったがデモの趣旨を支持する、あるいは賛同するという人も追加で挙手してほしい。

（全体の八割以上が挙手する）

なるほど。かなりの数だ。

もう一点、みんなの考えを知りたいことがある。私のように外部から見ている人間は、デモがブラジルの未来にどのような影響を与えるかをぜひ知りたいからだ。デモがブラジルを根底から変える手助けになるという楽観的な見通しを持つ人は手を挙げて。どれくらいの人がそう思っている？

（会場、半数以上が挙手する）

では、そう思わない人は？

（全体の二割ほどが挙手）

なるほど、興味深い意見の分かれ方だ。ここにいる大多数はデモが根本的な変化につながると信じているが、そうは思わない人もかなりいる。これについては、後ほど議論しよう。

デモでは具体的な問題が提起された。バス運賃の値上げ、サッカースタジアムの建設費の問題、公的な教育や医療の改善に向けた投資の必要性、汚職問題などだ。私の印象では、デモはこれらの非常に重要な問題に加え、自分たちの置かれた状況や生活、特に共同体としてのあり方を動かす大きな発言権を得たいというブラジル国民の欲求を反映しているように見えた。

今、世界中の民主主義社会で見られることだが、国民が共同体の運命を動かす充分な発言権を持てないでいるのは、公《おおやけ》の議論や演説の場で大きな問題がほとんど取り上げられないことに原因があると思う。倫理に関する大きな問題が取り上げられることもめったにない。正義や公共善（public good）の問題は、私たちが市民として互いに責任を負うべきものだが、現状では既存政党間でありふれた議論が行われるばかりだ。そして、これは民主主義社会に広くあてはまる話だ。

みんなはブラジルにもあてはまると思うだろうか？

既存政党間で行われるありふれた議論は、両極に分かれて互いに叫び合うようなものか、管理的で実務にとらわれた狭小なもののどちらかだ。そんな議論に変化を起こす力はない。もっとも重要な問題に答えないばかりか、もっとも重要な問題が何かということを検討することさえない。今、世界中の民主主義社会が抱える失望、不満、不幸の源は、公の議論の無意味さや空虚さにあるように私には見える。そして、こうした無意味さや空虚さを解決するのは、これまでと異なる公の議論だと私は考える。つまり正義、平等と不平等の問題などを含む難しい倫理的問題、そして私が今日みんなに問いかけたい「善き社会におけるお金と市場の適切な役割とは何か？」といった問題に真っ向から取り組むような議論だ。

今日、お金で買えないものはどんどんなくなってきている。

ワシントンDCでは、一般市民に関心の高い公聴会が開かれる時、議会の外に傍聴を希望する人の長い行列ができることがあるが、座席数は限られている。席は無料だが、確保するためには一日か二日、夜通しで長い行列に並ばなければならないこともある。しかし、長い行列に並ぶことが好きではない人たちもいる。ロビイストは特にそうだ。でも彼らは公聴会には参加したい。そんな時はある業者へ行き、一定の金額を払えば、その会社が代わりに行列に並ぶ人を雇ってくれる。たいていの場合、彼らは仕事とお金を必要とするホームレスの人たちを雇う。時には雨の中、夜通しで行列に並んでくれる人を時間給を払って雇う。ロビイストは公聴会が始まる直前に到着し、彼らに代わって行列の先頭に立ち、一番乗りで公聴会に出席する。その業者は、アメリカ連邦最高裁判所で口頭弁論を聞きたい時も、賃金を払って行列に並ぶ人を雇ってくれる。

つまり、これもお金で買えるものの一例だ。

次はもっと身近な例だ。遊園地で長い行列に並ぶ――誰もが経験することだ。私が子どもの頃、人気のアトラクションに乗るには長い行列に並んで待たなければならなかった。しかし近年、多くの遊園地では、長い行列に並びたくなければ順番を抜かして列の先頭に入れるＶＩＰチケットを買うことができる。

挙手でみんなの意見を聞きたい。これについて何か間違っていると思う人、ＶＩＰチケットの導入に反対の人はどのくらいいるだろう？

（会場、約半数が挙手）

では、かまわないと思う人は？
（先ほどとほぼ同数が挙手）
会場の答えは半々くらいだ。
賛成派の意見を聞こう。誰か？

マーラ　マーラと言います。お金を持っている人が高いドレスを買ったり、いい車を買ったりするのは理にかなっていると思います。だから、お金があれば、列でも早く進むことができる。お金をより多く持っている人が、より良いものを手に入れることができる社会に私たちは生きているんです。

サンデル　いいだろう。では中央に座っている男性。

パブロ　パブロです。遊園地のVIPチケットは、お金をたくさん持っている人が評価され、列に並ぶ必要もない特権を持っている、と子どもたちに教えることになります。不公平をお金で買うことを教え、子どもたちの価値観をごく早いうちに破壊してしまう。それはとてもよくないことだと思います。遊園地は喜びを共有する場所であって、人々が互いに影響し合う社会の姿を学ぶ機会なのに、競い合うことや間違った習慣を奨励してしまいます。

サンデル　パブロはVIPチケットに対する説得力のある反対意見を示してくれた。子どもたちに誤った教えを授けることになるから反対だ、と。遊園地とはある意味、市民であることとは何なのかを教える学校のようなものだと言っている。

次に、みんながよく知っている話で考えよう。サッカーだ。

ブラジル選手権など人気の高いサッカーの大会ではたいてい、チケットを買うためにとても長い行列に並ばなければならない。仮に君たちが行列の最後、あるいは後ろのほうに並んでいて、このままではチケットを買えないかもしれないとひどく落胆していたとしよう。しかし、そこにチケットを売る人物が現れる。カンビスタ――ダフ屋だ。（一同笑）

ダフ屋が売るチケットは通常より高値だ。でも手に入れれば、試合を観戦することができる。それに考えてみれば、これは市場原理の活用にあたる。定価より高値の金額を進んで支払う人たちがいて需要は高いが、供給は限られている。そこにダフ屋が高値のチケットを持って登場し、市場原理を働かせる。

再び挙手してもらいたい。

サッカー観戦のチケット転売を認めることは道徳的に好ましくないと思う人は？間違っていると思う人。

（会場、半数以上が挙手する）

では間違っていない、転売は問題ないという人。

（挙手は少ない）

いいだろう。認められるべきだと考える人は少数だ。

少数派の意見を聞いてみよう。なぜ転売は問題がなく、認められるべきなのか説明してくれる人。

アンドレ　アンドレです。もしフラメンゴだったら——僕の心から愛するチームですが——僕の家を差し出したと思う。もし決勝戦なら、コパ・リベルタドーレス（南米クラブ王者決定戦）かワールドカップの決勝戦なら、たくさんお金を出します。一万レアル（約四四万円）でも二万レアルでも。

サンデル　二万レアルでも買うと。すごい。

パブロ2　パブロと言います。（前出のパブロとは別人）議論を始める前に、重要な原則があると思います。ダフ屋がどこでそういったチケットを手に入れているのか、ということです。どうやって本物と思われるチケットをそんなにたくさん手に入れたのか。ダフ屋が大量のチケットを買うために列に並ぶ必要があったのか、それとも何かほかの手段で、不適切な方法で五〇枚とか一〇〇枚とか手に入れたのかということ。彼らのせいで、一日中列に並び続けた人がチケットを手に入れる機会を失ったのかもしれない。

サンデル　なるほど。しかし、そのダフ屋が一枚しかチケットを買わなかったのなら、高値で転売してもいいのだろうか？

パブロ2　はい。あるところにチケットを買いたい人がいて、あるところにチケットを売りたい人がいるという話です。個人でチケットを買ったのなら、試合を見に行けなくなったとか、何かしら理由があるなら間違ったことはしていないと思います。

サンデル　では二枚なら？　（一同笑）一枚は自分のため、もう一枚は転売してお金を儲けようと思って買った場合はどうだろう？

パブロ2　それは正しいことだとは思いません。

サンデル　いいだろう。では後ろの女性。

ソライア　ソライアです。この問題は、値段が高いか安いかとか、誰が売っているか、という話ではないと思います。だって、すごく高い特等席で試合を見るためにお金を払う人たちだっている。より安いトボガン席（椅子が用意されていない観戦エリア）で試合を見るためにお金を払う人もいる。そうしたら、ダフ屋からチケットを買うことと、いい席に座ることとの違いは何でしょう？　私には、ダフ屋からチケットを買うことと、高い席のチケットを買うことに違いがあるとは思えません。

サンデル　ソライアは、特等席のＶＩＰシートに座れる人の存在が許されるなら、裕福な人たちがダフ屋から高値のチケットを買うことも許されるべきだと言っている。いい問題提起だ。

ソライアの意見に反論できる人はいるだろうか？　ソライアはボックス席、特等席の存在との類似性を理由にダフ屋を擁護している。特等席に問題がないのなら、ダフ屋も問題ないはずだと。

エドゥアルド　こんにちは。エドゥアルドと言います。まず最初にみんなが考えないといけないのは、その試合をどれほど見たいのかとか、どのチームのゲームかということではなくて、道徳的観点と正義の観点から物事を見るべきだということです。もし僕が特等席を買うお金を持っていれば、やっぱり特等席を買うでしょう。特等席を買うお金のない人は、しかるべき席のチケットを買う、そうですよね？　それで、僕たちは、ダフ屋からチケットを買う時にダフ屋に悪いことをさせようと思っているわけではないけれど、本来ならダフ屋からチケットを買うべきではないし、もし僕が、意図的かどうかは別にして、チケットを買うことでダフ屋行為を奨励してしまっているなら、ダフ屋はこれからも犯罪行為を続けるでしょう。彼は、道徳的でもないし正しくもないことをすることになる。だから僕は、チケットの売買が許されるという彼女の意見には賛成しません。

サンデル　ありがとう。

質問を変えよう。

病院の診察予約券の売買は許される?

サンデル　これまで遊園地やサッカーの話をしてきたが、病院ではどうだろう?　たとえば病院の診察予約券をもらうために、ものすごく長い行列ができていたとしよう。とても長い行列だ。サッカーの試合のチケットを買う時と同じくらい長い。その行列の先頭のほうにあと少しで診察予約券をもらえる人がいる。列の後ろのほうには、早く診察を受けるためならお金を払うことをいとわない人がいる。この二人の間で、診察予約券の売買は許されるだろうか?　挙手で聞こう。

早く診察を受ける権利を売買することを肯定する人。

(ほとんどいない)

それでは反対する人は?

(大多数が手を挙げる)

肯定する人の意見を聞きたい。なぜ肯定するのか、なぜ早く診察を受ける権利を大金を払って買うことが認められるべきだと思うのだろうか。

ドグラス　ドグラスです。僕たちは今、正義と倫理について議論しています。社会の公平性にかかわる話です。それはお金と重大な関係があると思います。病院の例でも同じことですが、人々の間に格差が生じてしまう原因は、つまり、人間としての価値が違うからなんです。ダーウィンの進化論風に言えば、強いものだけが生き残るという考え方。だから、お金が格差を作り出す社会では、お金を持っている人間ほど重要だということになる。金持ちなら医師の診察を早く受けられるし、遊園地で行列を飛ばすこともできる。それがこの社会のルールなんです。だから今ここで議論すべきなのは、もし大多数が「それは間違っている」と言うのなら、社会の仕組みから変えていかなくてはいけない、ということです。だって僕の言ったことが社会の現実なんですから。

サンデル　君の意見を確かめたい。病院の予約チケットを転売することは、間違っているのだろうか？

ドグラス　僕は心のなかでは間違いだと思っています。でも、現代社会の見方では、転売は正しい行為ということになる。そうすると僕は、僕が現実にやっていることを改めて、自分が心の中で正しいと信じることに向かって行動すべきだ、ということになる。でも僕は、この現実世界で、チケットを転売することは間違っている、と声を上げることはとてもできそうにないです。

サンデル　なるほど。君は病院の予約チケットを転売することは間違いではないと言ったけれど、それはこういうことだろうか。「病院のチケット転売を認めないのは、それ以外のものの転売を認める立場とつじつまが合わないじゃないか」と。しかし君は同時に、本当は間違っていると言っているようにも聞こえる。お金が幅を利かせてしまっている、この現実は間違いだと。だから君は、チケット転売は正しい行為だと言っているわけではない。君が言っているのは、「病院のチケット転売を認めることは、ほかの転売行為を認めることとつじつまが合っている」という理解で正しいだろうか？

ドグラス はい。

サンデル いいだろう。

もう一人、診察を受ける権利の売買を擁護する人の意見が聞きたい。市場の真の擁護者だ。

よし、そちらの女性だ。

民間医療保険加入は割り込み行為と同じ？

フェルナンダ フェルナンダです。「ダフ屋から買うのは倫理的じゃない」という理由でみんながチケットを買わないなんてことがあったら、すごいことですよね。ここにいるみんなは民間の医療保険①に加入していて、いい病院で診察を受けていると思うけれど、それって誰かの前に割り込むためにお金を払っているのと同じことだと思います。でも、それを非倫理的だと思う人なんているでしょうか？　誰かほかの人の前に割り込むことになるからといって、民間の医療保険に入るのをやめる人なんていないでしょう。でもそれは、行列に並んでいる人より早く良くなるために、たくさんお金を払うのと同じくらい非倫理的です。そう、みんなそのために多くお金を払っているの！　人より早く良くなるためにたくさんお金を払うことを、みんなは非倫理的だと考えたことはあるかしら？　もっと言うと、行列ができているときに、ダフ屋にお金を払うのはとてもいい考えだと思います。だって、ダフ屋はあなたよりも先にチケットを買うために早くから並んでいたんだもの。ダフ屋がチケットを売ることができるのは、早起きする努力をしたから。だから転売もできる。世の中はがんばって早起きして列に並んだ人のもの、というのが真実です。世界はそうやって回っているんです。

だから、万一、今ここにいる誰かが「これから医療保険を解約してくるよ、非倫理的だから」と言って会場を出て行ったら、その人は自分の価値観にとことん忠実な人なんでしょうけれど、そんな人は、理想的な社会主義の世界でもなければいま

①ブラジルには公的な健康保険と民間の医療保険がある。公立病院では、原則として誰でも無料で医療サービスが受けられるが、公立病院は待ち時間が長く、設備や衛生面なども私立病院より劣るため、経済的に余裕のある人は民間の医療保険に加入し、私立病院でより高水準の医療サービスを受ける選択をすることが多い。貧しい人が私立病院で高額の医療サービスを利用することは困難である。

せん。

サンデル　フェルナンダ、そのまま立っていてほしい。私が聞き間違えていなければ、フェルナンダは問題提起をしてくれている。ここにいるほぼ全員が、行列の先頭に並ぶ人から診察を早く受ける権利を買うのは間違っていると考えている。しかしフェルナンダは、それが民間の医療保険に加入することと形は違うが同じ原理だと言っている。お金を余分に払って診察を早く受けるのと、本質的にどこが違うのかというわけだ。そうだね、フェルナンダ？

フェルナンダ　そうです。

サンデル　これはかなりの難問だ。フェルナンダに反論できる人はいるだろうか。よし、君。立って。

エステファノ　僕はエステファノと言います。彼女が提起した医療保険の問題、それからその前に議論した話、どちらも列に割り込む行為のことでしたよね。たしかに医療保険というのは、お金を持っている人間が、ほかの人より健康になれるということではあるけれど……僕は、死が迫っているような人生の重大な局面では、金持ちのせいで誰かの順番が飛ばされるなんてことが正しいとは思いません。本来、誰もが平等であるべきなのに、現実はそうではなくなっている。そのことは、ちょっとよくないと思います。ただし、ここにいる僕たちは、民間の医療保険をなくてはならない

民間の保険に加入することの非倫理性を指摘したフェルナンダ

ものだと思っている。そしてこの仕組みが存在する以上、医療格差が生まれてしまうのも仕方がない。だから僕は、医療保険に加入しているからといって、自分が非倫理的だとは思わないし、列に割り込んでいるとも思いません。それより、一番の間違いは、社会の仕組みのせいで医療格差が生まれてしまっていることです。

フェルナンダ　それは自分のことを棚に上げていると思うわ。やっぱり、医療保険に加入したその瞬間から、列に並んで待っている人の前に割り込んでいることになるのよ。あなたは病院で、自分の順番より後ろの人を見て「僕は耳が痛いだけなんだけど、あなたは耳に腫瘍があるんですね。だったらあなたが先に診察を受けてください」なんて言うかしら。そんなことする？　みんながそんなことをするとは思えないわ。医療保険にお金を払うというのは、そういうことなのよ。

エステファノ　僕が言ったのは、医療保険にお金を払えば治療が早く受けられる仕組みには賛成しているということ、そして、君の意見に完全に反対しているわけではない。僕は、たとえ誰か健康に問題がある人を追い越して治療を受けたとしても、自分が非倫理的だとは思わない。そもそも、耳に腫瘍ができたのと耳に痛みがあるのはまったく別の話で、どちらが重大かを比較すること自体がおかしいと思う。

サンデル　フェルナンダが提起してくれた本質の問題に話を戻そう。民間の医療保険に加入する人がいる。それは医療を受けるためにお金を余分に払って列を飛ばすのと同じだというフェルナンダの意見に同意するだろうか？

エステファノ　いいえ、僕は同意しません。

サンデル　いいだろう。それではフェルナンダに再び立ってもらおう。フェルナンダに直接、反論したいという人。そこの後ろの女性。

シンチア　シンチアです。民間の保険に加入することと、お金を払って病院の列を飛ばすことは、比較できるものではありません。民間の保険に加入するということは、新しい医療の仕組みを作り出すためのお金を払っているということだと思います。人々のニーズを支え、システムを改善し、新しい仕組みを作るためにお金を払う。実現はしていませんが、そうなるべきだし、そのために私たちは民間保険にお金を払っているんです。列に割り込むこととは違うわ。（一同拍手）

フェルナンダ　反論になっていないわ。新しい仕組みなんて作り出していないし、やはり列に割り込んでいるのと同じことよ。遊園地のＶＩＰチケットと同じ。私たちはそれを当たり前で何も問題ないと考えている。それがこの社会の本質なのよ。

サンデル　フェルナンダは、民間の保険は遊園地のＶＩＰチケットと同じだと主張した。これに反論できる人は？　ではそちらの女性。

ジュリアナ　やっと話せるわ。私はジュリアナです。フェルナンダ、私は需要と供給からなる自由市場経済を信じています。だから多様な医療保険を提供することは倫理的だと思うし、トボガン席と特等席の間に差があることや、遊園地でＶＩＰチケットを買うことも倫理にかなっていると思います。でも、私たちの心まで自由市場社会に置くことは倫理的ではないと思う。私はそんな社会は存在しないと信じたい。お金を持っていない人よりお金を持っている人のほうが価値があると感じるような、そんな社会。経済のうえでは起こると思うけれど、私たちの社会ではそんなことは起こらないでほしいし、それを防ぐために私は闘います。

フェルナンダ　それは私も素直に認める。そこがいちばん大切なところなの。私が言いたかったのは、今の社会に何が存在していて、それを認めてしまうとこれから何が起こるのかということ。

ジュリアナ　私は、経済は資本主義だと信じているけれど、社会も資本主義だとは信じたくないのよ。

（会場がざわめき、大勢が挙手）

サンデル　いいだろう。それがまさに私たちが今日、議論している問題だ。私たちが生きる世界は、経済だけが資本主義なのか、それとも社会までもが資本主義なのか？　先ほど意見を言ってくれたパブロ、君は今の議論についてどう思う？

パブロ２　まず僕は、医療保険は新しい医療システムを作るためのものだというシンチアの意見に賛成です。フェルナンダの言うように、医療保険に入る余裕のある人が優遇され

サンデル

ていることは否定しないけど、それが列に割り込むことと同じだとは思いません。

実際の例を一つ挙げてみようと思います。僕と妻は現在、同じ医療保険を利用していています。でも結婚する前は、彼女は民間の医療保険すら利用していなかった。僕は予約をしたいときに医者に電話をして、保険に入っているすべての人と同じように日を決めて、診察を受けます。しかし彼女は、私立病院に電話をして自分でお金を支払い、医療保険に制約されることなく、すぐに診察を受けていた。これこそまさに、問題とすべき割り込み行為ですよね。（一同拍手）それも含めて、医療保険制度は大きな問題を抱えています。

道徳の問題においては……もし資本主義社会で生きていきたいなら、そして現実に僕たちはそこで生きていますが、そこにはダフ屋が存在するし、同じように医療保険も存在する。社会に格差が生まれてしまうことには賛成しないけれど、だからといって、ダフ屋や医療保険を禁止するべきではないと思います。存在を容認したほうがいいと思う。倫理的につきつめて考えれば、お金を持っている人が列に割り込んでいることになるのかもしれないけれど、僕にはとてもそんな主張はできない。医療のいちばんの問題は、みんなが平等な立場であるべきで、それが実現するようにみんなで考えていかなくてはいけないということです。


いいだろう。

議論に加わってくれたみんな、どうもありがとう。すばらしい議論だった。

社会の中で市場の力が大きくなると、市民のもっとも重要な価値観が締め出されてしまう可能性がある。損なわれる恐れのある最も重要な価値の一つとは、公共という意識だ。つまり連帯感、私たちはみんな共にあるという意識。

私は若いころ、野球が好きだった。よく、スタジアムで地元チームの試合を観戦したものだ。その時から、最高の座席と最低の座席の値段に差があったが、それは極めてわずかだった。私が子どものころは、最も高価な座席と最も安価な外野席の値段の差は二ドルほどだったんだ。そのことが当時もたらしていた効果の一つとして、スポーツイベントというものが、社会的背景も職業も階層も異なる人たちが一緒になって楽しめる場だったということが挙げられる。情熱を分かち合い、自分たちの応援する地元チームが勝つことを共に願い、負けた時には共に落胆する。それは市民として共通の体験を分かち合うものだった。会社のCEOと郵便室係が隣り合わせに座っていた。誰もが同じようにふやけたホットドッグを食べ、同じように気の抜けたビールを飲み、トイレの前で長い行列に並ばなければならなかった。そして雨が降ると、誰もが同じように雨に濡れた。今ではもう、そんなことはない。

なぜなら今では野球でもサッカーでも、ほとんどのスタジアムに特等席、ボックス席があるからだ。その結果、裕福な人たちや優遇された人たちと、安い座席にいる庶民は切り離されることになった。つまり今日《こんにち》では、野球やサッカーの試合で誰もが同じようにふやけたホットドッグを食べ、トイレの前で長い行列に並ぶようなことはない。雨が降れば、誰もが同じように濡れるということすらない。こうして、異なる階層の人たちが交流していた場所は、徐々に失われていった。

これがサッカースタジアムや野球場だけでの出来事であれば、それほど問題ではない。しかし世界では、それよりもっと根本的な変化が起こっている。この二〇年間、私たちの社会全体において、お金で買えるものが増え、世の中の「善」にどんどん値段が付けられている。裕福な人たちと貧しい人たちは、ますますお互いにかけ離れた生活を送るようになっている。私たちはみんな、異なる場所で生活し、働き、買い物をし、遊び、子どもたちは異なる学校に通っている。

多くの点で社会全体、社会生活全般が分かれてしまっている。特等席に座る人たちと、そのずっと下のトボガンに座る人たちのように。なぜ、そのことを懸念するのか？　それは後れを取った人たち、恵まれない人たちに不公平なのではないのかと気になるからかもしれない。しかし懸念すべき、より深い理由はほかにある。もしかしたらより重大なことかもしれない。それはこういうことだ。民主主義は完全に平等であることは求めないが、社会的、経済的背景の異なる人たちが、日々の生活の中で、公共の場で交流することを求めている。民主主義とは、公共の場に私たちが集い、情熱を分かち合う社会生活を求めるものだ。なぜなら、私たちが集う時、論争が起き、意見が一致せず、ぶつかり合うこともあるわけだが、それでも私たちは共に市民の一員だという意識を分かち合うことができる。そしてこのことが重要なのは、私たちはそうやって互いに折り合いをつけ、違いを受け入れることを学ぶからだ。私たちはそうして共通善（common good）に関心を持つようになる。結局のところ、お金と市場の問題はたいていの場合、経済の問題ではなく、実際に私たちが共にどう生きていきたいかの問題なのだ。私たちは何もかもが売り物となる社会を望むのか？　市場が値段をつけられない、お金では買えない、道徳や市民の美徳はあるのか？　といった問題なのだ。

どうもありがとう。

（講義後の質疑応答）

サンデル　まだ時間が残っているので、いくつか質問を受けよう。質問の内容は何でもかまわない。そちらの男性、どうぞ。

アンドレ　こんにちは教授、アンドレです。少し難しい質問です。

ブラジルという国は、将来を見通して国民の要求に応える能力を持てていないし、

デモの直後に行われた特別講義には大学生と若い社会人が集まった

しかもそれが多くの分野にわたっています。医療保険の例でフェルナンダが提起した問題に大きく関係しているんですが、国は医療や教育など、公共の利益を充実させることを約束したにもかかわらず、結局は個人の選択に任せることにしてしまって、この問題に対して知らないふりをつづけています。この無責任さとどうやって向かい合っていくべきでしょうか。

サンデル

君の言うとおり、これは難しい質問だ。特に外国からの訪問者で、ブラジルに親しみは抱いているが傍観者でしかない私が講義で簡単に答えられるような問題ではない。

話を少し前に戻させてもらうと、私は六月のデモに感嘆した。実に平和的な抗議行動で、希望の光を見たような気がした。なぜならこれらの行動は民主的な市民の権利を深めたいという欲求の表れであり、それはどこまでが政府が責任を持ち、何を民間に委ねるべきか、その割合を決める唯一の手段でもあるからだ。公的医療制度と公教育を改善する方法を探る唯一の方法でもある。それを実現する唯一の方法は、真に民主的な市民になることであり、そうなれば私たちは政府や政党、政治家に対してこれまで以上の要求ができるようになる。どこであっても政党の本質は最後まで変わらないものであるから、私はそれが唯一の手段だと考えている。これは一般論なので、ブラジルにもあてはまるかどうかは、みんなに判断してもらいたい。

既存政党や政治家は、目の前の政治討論の運営方法やものごとの進め方に利害関係がある。だから改善を強く求める動きは市民社会から起こさねばならない。個人としてではなく、社会の一員として行動する市民が集まって公共善のために議論し、政治家や政党に訴えなければならない。これは容易ではない。一日あるいは一週間のデモのために人々を結集させるだけでも大変なことだが、今日ここで話し合ったような問題、正義や共通善などの大きな問題に直接取り組む、新しい種類の政治を探ること、そのために人々に市民としてかかわりつづけてもらうのは、大変な努力を要するものだ。

これが私にできる精いっぱいの答えだ。健闘を祈ります。

では次の人、どうぞ。

プリシラ　プリシラと言います。私の質問もすごく複雑だけど挑戦してみます。

今日のテーマの一つは正義ですよね。ブラジルの実態は、極端に人種差別的で、性差別的で、社会的に不平等です。この事実を私たちが変えるための方法は何でしょう?

サンデル　現状を改善する道を探るには、これまで議論してきたことに戻る必要がある。市場価値による支配に立ち向かうための道は、人種差別、性差別、そして不公平全般と闘うために進まねばならない道と同じだ。つまり市民が結集し、これらの問題に関心を持ち、議論することが必要だ。なぜなら正義と共通善の問題になると、私たちの意見は一致しないからだ。意見の相違は当然あり、その一部は正当で理にかなっている。

政治における正義と公共善について議論する際だけでなく、人種や男女の平等、あるいは市場の役割について議論する際にも意見の不一致が生じるのは、これらの問題が公正な社会、そして豊かな暮らしを作るものは何かという根本的な原則に触れるからだ。私たちはそんな時、人々の意見が相違し、論争が生じることを知っているために、これらを社会生活で話題にすることを避けてしまいがちだ。そしてこれこそが、公の議論がしばしば空虚で無意味なように見える理由なのだ。これは講義の冒頭で私が述べた意見にもつながる。公の演説が空虚で無意味に見え、実際そうであるのは、こうした重要な問題を取り上げると意見の相違が生じることを私たちが知っていて、特に道徳的、精神的な問題について公の場で議論するのをためらうことに起因する。

ためらう気持ちを克服し、こうした重要な問題に直接取り組むべきだと私は訴えたい。それはすべての人の意見が一致すると考えているからではなく、むしろ一致はしないだろうが、市民としてこれらの問題について議論することで良い市民の習慣が身につくからだ。議論を通じて互いの話を聞くこと、もしかすると互いから学び合うことも身につくかもしれない。そして人種差別や男女不平等、不公平、格差にどう対処すべきか最後まで意見が一致しなかったり、民間の医療保険や公的医療制度についての意見が異なったりしたとしても、そうした議論を展開することが、民主主義を深めるために大きな役割を果たすことになる。そして「自分は多くの人たちの運命にかかわる大きな問題に取り組みつづける」という感覚を持った、より良い市民になれるだろう。

これは険しい道であり、君たちの質問に対する具体的な答えになっていないことは自覚しているが、しょっちゅう投票させられるだけの名ばかりの民主主義以上のものを目指す社会にとって、それこそが出発点であるべきだと私は考える。民主主義とはただ投票することではなく、重要な選挙と選挙の間に起こることそのものであり、私たちが今日ここで行ったような、難しい問題について共に議論し、論じ合い、考えることを必要とするものなのだ。

もう一つ、最後に言っておきたいことがある。哲学や倫理、正義についての議論を拡大するために、新しいテクノロジーを利用することを勧めたい。インターネット・テクノロジーには大いに有望な側面があると思う。私たちは今日行ったような議論を、一つの場所、一つの国、一つの都市、一つの大学のなかだけでなく、異なる社会や文化に属する参加者を引き込みながら展開することができる。そうすれば正義や倫理の重要性、善き社会を作るための方法など、哲学的な問題について議論し、互いから学ぶことができる。

しかし今日、この講義で、まるで地元のサッカーチームを応援するときのような情熱をもって行われた熱い議論を聞いただけで、民主的な公の議論とはどんなもので、どうあるべきなのか、そしていつか君たちの努力次第でどう変われるのか、垣間見ることができたのではないかと思う。みなさんがそれを示してくれたこと、そして温かい歓迎に心から感謝します。（一同拍手）

サンパウロでの講義を振り返って

この講義を行うためにブラジルを訪れたのは、ブラジルの主要都市で大規模な街頭デモが起きた直後の二〇一三年夏で、講義に参加した人々の多くはデモの参加者でもありました。

デモは、自分たちの国の政治に、より大きな発言力を持つための真の試みです。この時のデモは当初、バス運賃の値上げに対する抗議として起こりました。ブラジルでは多くの人が公共交通機関に頼っていますが、人々は交通システムが不十分だと感じており、バス運賃の値上げにともなって、政府が公共交通機関に必要な投資をしていないことに対する不満が噴出したのです。それが街頭デモの直接的な理由でした。しかし、すぐにほかの問題も取り上げられるようになり、市民による政治参加の可能性や政治に対する発言力を高めることにまで広がっていきました。なかでも最大の問題は、医療と教育でした。国民は十分な医療を受けられず、教育にも十分な費用が割り当てられていないのに、なぜワールドカップのためのサッカースタジアムや、オリンピックのための施設の建設に何十億ドルもの巨額の資金を投じるのか、とデモの参加者たちは疑問を投げかけたのです。一連の大規模な抗議デモはこうした具体的な個々の問題を超え、市民としての権利、民主主義、そして政治への発言権という問題に広がっていきました。新しい形の市民参加をうながす、より広範な運動になっていったのです。

ですから、これらの抗議デモの直後にブラジルで講義を行ったとき、私は参加者からとても切実な熱意と感情を感じ取り、これはブラジルの政治と歴史における特別な瞬間なのだということを実感しました。ブラジル国民が主張を始め、自分たちの生活を変えるためにより強く有意義な発言権を求め始める、民主主義における転換点だと感じました。彼らが直接体験したデモの影響は、講義で市場の役割について議論した時の力強く熱意のこもった反応として表れていました。

私は、抗議デモの効果について、彼らが楽観的に考えているのかどうかを知りたいと思っていました。デモによって実際に少しでも改革がなされるのか、医療と教育により大きな関心が払われるようになるのか、そして市民の発言力が強まるのか。これらについては、非常に多くの人々が楽観的に考えていました。

講義に先立つ数カ月間、ブラジルの市民は倫理、哲学、そして民主主義という大きな問題に正面から向き合っていました。ですからある意味、幸運だったというか、タイミングが良かったと言えます。彼らに大きな問題に取り組む意欲があったからです。政府の役割はどうあるべきか、市場の役割はどうあるべきか。公正な社会とはどういうものか。民主主義社会で市民の声を届ける方法は何か。講義の参加者にとって、これらの問いは抽象的なものではなかったのです。こうした政治的関心事や熱い思い、市民の問題が持ち込まれ、講義には刺激と熱意、緊張感がもたらされました。

講義のなかで、私たちは市場の役割はどうあるべきかについて議論しました。お金ですべてを買えるのか、そうでないなら市場が公共善を提供できるのはどういう分野で、できないのはどういう分野か。私たちは一例として、サッカーの試合におけるチケットの転売について議論しました。多くの人が、サッカーの試合でチケットの転売を認めるのは問題ないと答えました。サッカーのチケット転売には慣れていたのです。次にサッカーとは別の例、病院の診察予約券など、医療を受ける機会をめぐるお金と市場の役割について話し合いました。それは私がブラジルを訪れる前に起こったデモや抗議活動のなかで、公に議論された問題に非常に近いものでした。

つまり、講義で取り上げたテーマは、参加した学生や一般市民が確固たる意見を持つ、非常に関心の高い問題だったのです。彼らはブラジルの政治において「医療と教育に予算を割り当てるうえで、お金の果たすべき役割や人々の支払い能力をどう考慮すべきか」が大きな問題となっているなかで、議論することの必要性と重要性を認識していました。彼らは抗議デモが政治や民主主義に新たな未来をもたらすと感じていました。それほど確信を持っていない人々もいましたが、私が会場で彼らと触れ合いながら感じたのは、あのデモはブラジルにおける新たな民主主義の可能性が生まれた瞬間だったのだということです。

マイケル・サンデルの白熱教室

韓国　ソウル

二〇一二年六月一日、延世大学校野外劇場。

サンデル教授の著書は二〇カ国以上で出版されているが、世界でもっとも熱狂的に読まれている国が韓国である。この夜、一万四〇〇〇もの人々が、ソウル市内にある野外コロシアムを埋め尽くした。史上最大規模の講義と言われている。

会場は奇跡のような空気に包まれた。正義とは何か？　平等とは何か？　をめぐり、巨大な会場が一つとなって、白熱の議論を続けた。それはあたかも二千年以上前の古代ギリシアの直接民主制の再来を思わせるものだった。

コンサート・チケットと診察予約券、ダフ屋行為はどこまでOK?

（サンデル教授登場、大歓声）

サンデル　ありがとう、圧巻だね。

ヨロブン　サランヘヨ（みなさん、愛してます）。（大歓声）

今夜ここで行われることは、世界最大規模の哲学の講義であるだけでなく、大きな問題をどう民主的に議論していくのか、その見本を、韓国に、そして世界に示す民主主義の一ページとなるかもしれない。一緒にやってくれるだろうか？（一同拍手）

今夜は、世界中の民主主義国家が直面している問題を取り上げる。「善き社会におけるお金と市場の適切な役割とは何か？」

近年、お金で買えないものは少なくなってきており、ほとんどのものはお金で買うことができる。しかしこれは私たちが望んでいることなのだろうか？　それともお金で買えない、または買うべきでない価値というものは存在するのだろうか？

ではは始めよう。市場は、商品を買う側と売る側の価値評価に従って売買を成立させる。一例として、人気イベントのチケットをオンラインで売買するダフ屋行為について考えてみよう。

非常に人気の高いレディー・ガガのコンサートがあるとしよう。このコンサート・チケットをネットで転売してお金を得ることに問題はないだろうか。

認めてもいいと考える人はどのくらいいるだろう？　手を挙げて。

（会場、挙手する人は少数）

では反対の人、ダフ屋行為は間違っていると思う人は？

（先ほどと同じくらいの少数が挙手）

どちらにも挙手していない人が多い。

ではレディー・ガガのコンサート・チケットの売買に問題はないと思う人の意見を聞こう。なぜそう思うのか理由を述べてくれる人は？

男子学生1　僕は、自分のチケットを売りたいならかまわないと思います。あるいは、レディー・ガガのコンサートに行きたくて、その転売されたチケットを手に入れる余裕があるのなら、それも問題ないと思います。

サンデル　ロック・コンサートは娯楽だからレディー・ガガのチケットを売買するのは自由だ、娯楽を楽しむための売買に問題はないということだろうか。

男子学生1　そうです。

サンデル　ありがとう。

では別のダフ屋行為について考えてみよう。

以前、中国に行った時、病院診療の実態を知った。北京の病院では、診察と治療を求める人々が外まで大勢あふれていて、そのなかには地方で必要な医療を受けられず、北京まで来ている人もいる。北京の有名病院では、人々が待合室でとてつもなく長蛇の列を作っている。診察予約券を手に入れるために、場合によっては何日も夜を徹して待たなければならないこともある。そういう状況のなかで、ホームレスの人などを雇って行列に並ばせ、窓口が開くと同時に診察予約券を手に入れて、その予約券を高値で転売するビジネスが登場した。

このダフ屋行為についてみんなの意見を聞きたい。

診察予約券のダフ屋行為に反対の人はどのくらいいるだろう。手を挙げて。

（会場、大多数が手を挙げる）

では問題ないと思う人は？

（あまりいない）

いいだろう。最初に診察予約券のダフ屋行為に反対だという人の意見を聞こう。そこの真ん中に座っている女性、どうぞ。

韓国　ソウル
女子高校生

私は高校で外国語を学んでいる学生です。私は、レディー・ガガのコンサート・チケットのダフ屋行為にも反対です。娯楽は誰もが楽しめるものであるべきだからです。診察予約券についても同じことが言えます。医療を受けることは基本的人権であり、万人に平等に与えられるべき権利です。だから民主社会はその行為を認めるべきではありません。（一同拍手）

サンデル　医療を受けることは基本的人権だから診察予約券の売買には反対だと。しかし君は、コンサート・チケットの売買にも反対しているね。レディー・ガガのコンサートに行くことも基本的人権だろうか？　チケットを買う金銭的余裕がない人は、人権を侵害されているということ？

女子高校生　金銭的余裕があるかどうかの問題ではないのです。コンサート・チケットを正規価格より高く売るのは、買う人の社会的地位や経済力につけ込む行為だと思います。

サンデル　分かった。どうもありがとう。
それでは、レディー・ガガのコンサートにおけるダフ屋行為は問題ないが、診察予約券の場合は認められないという人の意見を聞こう。どうぞ。

女子学生1　ロック・コンサートに行くことは基本的人権ではないから、チケットのダフ屋行為は問題ないと思います。それは個人が選択できることで、ダフ屋から高いチケットを買ってでもコンサートに行きたいと思うかどうかの問題です。でも、医療にかかわるダフ屋行為は不当だと思います。選択の自由がないからです。診察予約券が本当に必要で、買わなければどうしても手に入らない状況では、選択の余地はありません。

韓国　ソウル

1万4000人がひとつになって、正義とは何か？を議論した

サンデル　たとえ法外な値段でも、買わざるを得なくなってしまいます。

診察予約券の場合は選択の余地がないからロック・コンサートの場合とは明らかに異なる、と道徳的観点から線引きをしているわけだ。医療は不可欠だから、診察予約券のダフ屋行為はあってはならないという意見だ。

二つを区別して考えることは、市場がどこまでなら適切で、どこから適切でなくなるかという重要な議論につながる。売買されるものの性質を掘り下げ、不可欠または基本的人権にかかわるものなのか、あるいは娯楽の領域に属し、選択できるものなのかを判断しなければならない。ロック・コンサートと診察予約券については、その判断にそれほど意見の対立は見られないだろう。

では別の例を考えてみよう。哲学講義の入場券ならどうだろう？　今日の入場券をネットオークションで買った人もいるかもしれないが、ダフ屋行為は間違っていると思う人に聞こう。

（会場、ぱらぱらと手が挙がる）

サンデル　はい、君。どうぞ。

男子学生2　問題の核心を突く例だと思います。経済学者は、市場に価格をコントロールさせるのが自然で正当だと言います。でも僕はそうは思いません。お金がすべてに優先する、あるいは何でもお金で買えることになったら、社会格差が助長されると思います。

サンデル　裕福な人がより優遇されることになります。問題の本質はそこにあると思います。コンサート・チケットのダフ屋行為についての君の意見は？　お金がない人は高いチケットを買えないから、それは間違っていると考えるのだろうか？

男子学生2　そうです。それに、何でもネットオークションで買うより実際に並ぶことに価値があると思います。

サンデル　どんなものについてもそう思うだろうか？　市場はものの配分について正しく機能しない？

男子学生2　公平であれば問題ないと思います。でも現実に闇市場があり、何でも高値で売ることができます。それは本当に間違っていると思います。

サンデル　いいだろう。今の意見に反対の人は？　市場が有効に機能している場合もあると考える人。そこに立っている女性、どうぞ。

女子学生2　市場での売買が認められるべきものはあると思います。たとえば、このマイクなどは認めていいでしょう。並んで手に入れるようなものではありません。一部の共産主義国家ではそうかもしれませんが。市場経済においては、売ることができる私有のものがたくさんあります。ただし先ほど闇市場の話が出ましたが、たとえば臓器の闇市場が実際に存在します。臓器は市場で売買すべきものではありません。これは深刻な問題です。高い値段を付けた人に売るべきではなく、本当に必要な人の手に渡るべきです。

サンデル　市場で売買することが適切かどうかをどうやって判断したらいいのだろう？

女子学生2　現代の最大の問題だと思います。今日の哲学講義における最大の難問です。

サンデル　そう。でもだからこそ、みんなの見解を聞きたい。臓器を市場で扱うのは不適切として、ロック・コンサートのチケットはどうだろう？

女子学生2　市場で売買していいと思います。

サンデル　では医療は？

女子学生2　医療は市場原理に支配されるべきではないと思います。ダフ屋行為や闇市場での扱いは、認めるべきではないと思います。

サンデル　では、お金で買っていいものと買うべきでないものを判断する際の原則はあるだろうか？　臓器は人体の一部だからだ、というふうに。

女子学生2　はい。先ほどの女性が言ったように、医療を受けることは基本的人権です。

サンデル　教育はどうだろう。哲学の講義も教育の範疇に入るだろうか。

女子学生2　教育を受ける権利も基本的人権だと思います。だから市場に委ねるべきではないと思います。

サンデル　でもロック・コンサートなどの娯楽や品物は市場で売買していい？

女子学生2　ぜいたく品と考えられるものは、市場で売買していいと思います。

サンデル　議論の足がかりを作ってくれてありがとう。市場で売買していいものとすべきでないものの線引きは、別の価値基準に基づくべきだという意見だった。議論がとても進めやすくなった。

今提案された原則を検証するために、さらに難しい例を考えてみたい。

大学の入学資格をオークションにかけてもよいか?

サンデル　一流大学に入学を希望する優秀な学生は大勢いる。君が一流大学、たとえば延世《ヨンセ》大学校の学長だったとしよう。優秀な志願者が大勢いる一方で、大学は教育的使命を果たすためにお金を必要としている。入学定員の一〇パーセントを、もっとも高値をつけた人に売る枠にしようという提案があったとする。つまり、九〇パーセントはもっとも学業成績の優秀な学生を受け入れ、残りの一〇パーセントは、成績は最優秀ではないが、一流大学の教育を受けて卒業できるだけの学力を持った学生を受け入れるということだ。落第はしないだろうがトップクラスではない学生を、両親が大学に多額の寄付をするという条件で受け入れることになる。

みんなの賛否を聞いてみよう。

君が学長なら、寄付をしてくれるお金持ちの子どもを受け入れるために、定員の一〇パーセントをオークションにかけるシステムに賛成するだろうか。賛成の人は？

（会場、挙手する人は少数）

では反対の人、入学資格を売るべきでないと思う人は？

（半数以上が挙手）

大多数が反対だが、賛成派も若干いる。

反対派の意見から聞こう。

女子学生3　大学は、寄付金を出そうとする人に入学枠の一〇パーセントを売るべきではないと思います。市場で売るべきものかそうでないかは、ものの本来の目的で決まると思うからです。大学の本来の目的は教育の提供だと思います。

サンデル　学力が劣る一〇パーセントの学生にも教育は提供されるが。

女子学生3　でも、学生を選ぶ過程は、財力や両親がいくら払う気があるかに基づくべきではないと思います。学生の学ぶ意欲で判断すべきだと思います。

サンデル　それが大学の目的だから？

女子学生3　はい。

サンデル　お金で入学を認めることは、大学の目的を腐敗させることになる？

女子学生3　そう思います。大学の目的はお金儲けではありません。本来の目的を優先すべき

サンデル　であり、本来の目的を遂行する方法を優先させるべきだと思います。

いいだろう。そのまま立っていて。誰かに反対意見を聞こう。入学枠を売ることに賛成の人は？　君。

男子学生3　延世大学校の学生です。今の人は大学教育について触れていましたが、裕福な一〇パーセントの学生から寄付金を受け取れば、大学はより良い教育を提供することができます。だから僕は、寄付金を受け取ることは大学教育の基本的目的に反することではないと思います。

サンデル　よし、二人で直接、意見を交換してほしい。

女子学生3　大学がより良い教育を提供するために、資金の調達手段を得ることは重要だとは思います。でもそれは、教育を提供することや、教育を本当に必要としていて、大学で質の高い教育を受けたいと心から望む学生を見つけるという、本来の目的よりも優先されるべきではないと思います。

サンデル　さあ君は彼女を説得できるだろうか？

男子学生3　一〇パーセントは決して多いとは思いません。これが三〇とか四〇パーセントならやるべきではないでしょう。でも一〇パーセントなら妥当です。大学が方針を曲げたとは言えないと思います。

女子学生3　なぜ一〇パーセントなのですか？　納得できません。一一パーセントとか一五パ

ーセントならどうですか？　数値を判断する根拠を教えてください。（一同拍手）

男子学生3　もちろん、数値は理事会が決定することです。僕が言いたいのは、一〇パーセントは決して大きな数値ではないということです。一般に受け入れられる数値だと思います。

サンデル　でも彼女がつめ寄っているのは根本のところだ。入学枠の五〇パーセントを売るとしたら、君は反対する？

男子学生3　五〇パーセントは妥当ではないと思います。

サンデル　多すぎる？

男子学生3　はい。

サンデル　しかし一〇パーセントより五〇パーセントの方が寄付金は多く集まる。そしてそのお金は、平等な教育の提供という目的のために役立つだろう。

男子学生3　でも五〇パーセントは多すぎます。多くの人が反対するでしょう。

サンデル　多くの人が反対するかもしれないが、一〇パーセントでもそうかもしれない。どうするのが良いだろうか？

男子学生3　大学は、どれくらいの割合が妥当か、一般の意見を募るべきだと思います。

サンデル　いや、そうではなく、大学の方針を決めて、一般の人にそれを認めてもらうべく説得する、という発想で考えることにしよう。入学枠の五〇パーセントを割り当てることを認めるよう人々を説得すべきではないだろうか？

男子学生3　そう思います。

サンデル　君は五〇パーセントでいいと思う？

男子学生3　みんなが五〇パーセントに反対しないなら、それでもいいと思います。

サンデル　みんなが一〇〇パーセントに反対しなかったら？（一同笑）

男子学生3　（言葉につまる）……すみません。（一同笑）

サンデル　いいや、よくやったよ。いい議論になってきた。

私たちは原則を見極めようとしている。大学への入学資格の売買が認められるかどうかは、大学の目的を踏まえたうえで、入学資格の売買が大学の目的を損なったり歪めたりするかどうかを基準に判断しなければならないという原則について考えた。

別の観点から入学資格の売買に反対する人はいるだろうか？　では通路の横に座っている君。

男子学生4　大学が入学資格を売ることができるようになったら、裕福な学生だけが入学資格を買うことができて、貧乏人は買えなくなります。それは社会的不平等です。

サンデル　新しい考え方が出た。公平かどうかという議論だ。先ほどの彼はどう考えるだろう？　優秀だが、大口の寄付ができない家庭の学生にとって、不公平ではないだろうか？

男子学生3　僕も不公平だと思います。どう言えばいいでしょう……僕のロジックは破綻してしまいました。（一同笑）

サンデル　誰にでもそういうことは起こるよ。どうもありがとう、よく健闘してくれた。（サンデル、一同拍手）

これまでの議論から、特定のものを市場で売買することに対して、二種類の反対意見があることがわかった。大学の入学資格をオークションにかけるというケースでも、二つの反対意見があった。

一つは、本人あるいは両親が多額の寄付をできない学生に対して不公平だという意見、もう一つは、大学の入学資格の売買は大学の目的に反するという意見。つまり、市場に任せるのが妥当かどうかは、公平性と腐敗という二つの観点から判断できるだろうということだ。腐敗の議論は、そのものの目的を掘り下げ、売買がその目的、この場合は高等教育の目的を損なうかどうかを考えなければならないことを示している。

子どもの読書に現金で褒美を与えたら？

サンデル　教育に関連するもう一つの例を考えてみよう。

女子学生4

今度は大学入学ではなく、現金でご褒美を与えることについての問題だ。最近、社会的な「善」を実現するために、現金によるインセンティブ制度を導入することが増えてきている。アメリカの多くの都市には、家庭環境に恵まれず学業成績も思わしくない子どもたちが多い学校がある。そういう子どもたちにやる気を出させるために、いくつかの学校では現金でご褒美を出すようになった。優秀な成績を修めたり、テストで高得点を取ったり、一定数以上の本を読んだりした子どもたちにお金をわたすのだ。

このやり方についてどう考えるだろうか？　君が、家庭が貧しく学業成績不振の子どもたちのいる学区の責任者だとして、このインセンティブを導入するか、あるいは少なくとも試験的にやってみようと思う人はどのくらいいるだろう？　お金で子どもにやる気を出させることは、やってみる価値があることだと思う人は？

（会場、挙手する人は少数）

ではこの案に反対の人は？

（大多数が挙手する）

大半の人が反対のようだが、やってみようという人も若干いるね。まずお金をわたすのに反対の人の意見を聞いてみよう。

実際に個人的な悩みを抱えています。私は二年生の時までは奨学金をもらっていました。でも成績が思わしくなくて、三年になってから奨学金をもらえなくなりました。私は長女で両親からとても期待されており、すごく負担に感じています。この種の現金では生徒にとって大きなストレスになります。大学生でさえそうですから、小学生ならもっとそう感じるでしょう。それは教育の目的を損なうと思います。

サンデル　ありがとう。でも、ここでは子どもの例について考えてもらいたい。たとえば本を一冊読むごとに二ドルわたすことに反対の人はほかにいるだろうか？　どうぞ。

男子学生5　本を読むのは将来のため、教育のため、知識を得るためです。本を読むことや良い成績を取ることに対して現金報酬を与えるのは間違っていると思います。

サンデル　そう思う理由は？

男子学生5　子どもは教育を受けて知識を広げる夢を持つべきだからです。単に本を読むだけでは本当に理解できているのかどうかわかりません。子どもが「本を読んだ」と言ったら、テストをして内容を理解しているかどうかを確かめてあげるのも一つの方法だと思います。

サンデル　理想として、子どもたちには夢や読書への情熱、学びたいという気持ちから本を読んでもらいたい、だから君は本を読むことに対して子どもに報酬を与えることに反対している。いいだろう。

ほかに意見のある人は？　どうぞ。

女子学生5　今の人は、現金報酬をやめたら子どもが読書をやめてしまうと考えているのだと思います。でも、きっかけはお金のためだったとしても、成長するにつれて読書が自分のためになることがわかるかもしれません。お金が最初のきっかけでも、子どもたちが本を読むようになるのならいいのではないですか。

サンデル　現金報酬によって子どもが本を読むようになり、一度読み始めれば習慣になって読書の楽しさに目覚めるかもしれないということだね。それが現金報酬に賛成する理由だと。君のご両親は、良い成績や読書に対して現金をくれた？

女子学生5　現金ではありませんが、ご褒美のシールをもらいました。本を読むと、両親からシールがもらえたんです。シールがたくさんたまると、好きなプレゼントがもらえました。私の両親はそういうやり方をしました。最初はシールが欲しくて本を読み始めましたが、そのうちに読書が楽しくなりました。去年、私は学校の図書館で最も熱心な読書家に選ばれました。今では本当に読書が大好きです。（一同拍手）

サンデル　すばらしい。自分の経験を踏まえた意見だ。子どもの読書にお金やシール、プレゼントなどの報酬を与えることを支持する強力な意見が出たが、これに反対意見のある人は？

女性教師　小学校の教師です。今の彼女は非常に特殊なケースだと思います。私は青いシールを時々使いました。聞き取りや小テストなどで満点を取った時など、生徒に青いシールをあげていましたが、シールをあげるのをやめると子どもたちは勉強しなくなりました。やる気をなくしたのです。

子どもたちにとって青いシールはプレゼントと同じで、勉強の目的がプレゼントをもらうことになってしまって、勉強そのものではなくなるのです。ですから、子どもたちには長期的な動機づけをすべきだと思います。つまり読書という行為そのもののために読書をさせるようにするのです。お金は子どもに直接わたすのではなく、学校施設や教師の研修などのために使うべきだと思います。

サンデル やる気を出させるために子どもに直接お金を与えても、やる気はいつまでも続かないから、内なるモチベーションに期待したいという意見だ。ありがとう。

今、手を挙げた君。

女子学生6 今の議論で、抜け落ちている大事な要素があると思います。インセンティブの対象が貧しい家庭の子どもたちだという点です。そういう子どもたちは、家計のためにお金を稼ぐ必要に迫られていると思います。お金と青いシールやちょっとしたプレゼントを一緒に考えてしまうと、論点がずれると思います。

サンデル 君は現金報酬には賛成？　反対？

女子学生6 全面的に反対です。

サンデル それはなぜ？

女子学生6　現金報酬を渡せば、子どもは読書に対して下心のようなものを持つようになるでしょう。

サンデル　間違った動機ということだ。

女子学生6　そうです。たとえば家計のために読書でお金を稼ぐというようなことです。

サンデル　お金は読書の高尚な動機ではないかもしれないが、子どもに現金報酬を与えることで読書習慣が育ち、学ぶことができ、長じて読書好きになるかもしれないという先ほどの意見についてはどう思う?

女子学生6　彼女はご褒美のシールをもらっていたのですよね?

サンデル　最初はシールで、その後はプレゼントだ。

女子学生6　お金はプレゼントとは違うと思います。貧しい家庭の子どもがプレゼントではなくお金をもらうという仮定の場合、彼らの主な目的は家族のためにお金を稼ぐことだと思います。

サンデル　それが主な目的なのかもしれないが、お金のために読書をしても、長じて読書が好きになるかもしれないとは思わないだろうか?

女子学生6　お金によって危険な認識を身につけるリスクのほうが高いと思います。

サンデル　つまり、お金が危険な認識を形成すると。

女子学生6　はい。子どもたちにとって、何かをする最終的な動機がお金を稼ぐことになってしまうということです。

読書や勉強に対して、本来の意味よりお金のためという認識、期待、姿勢が形成される危険性があるという意見だ。ありがとう。

サンデル さて、韓国アサン政策研究院がある調査をした。みんなも聞いたことがあるかもしれない。その質問の一つが「両親が子どもの読書に現金報酬を与えるのは適切かどうか」だった。

韓国の世論は現金報酬に賛成だったか反対だったか、当ててみてほしい。

結果はこうだった――意見は真っ二つに分かれ、賛成派が四四パーセント、反対派が五六パーセントで拮抗していた。同様の調査で、アメリカで同じ質問をした時の結果はどうだったと思う？　アメリカでは、子どもの読書に現金報酬を与えることを適切だとする意見が多数派だった。この違いは興味深い。しかし、韓国でもアメリカでも反対意見はあった。

別の例を挙げよう。スイスで、核廃棄物処理場の建設地を決めようとしていた。どの自治体も地元に誘致したいとは思わない。リスクがある。山間のある小さな村が建設地としてもっとも安全だと思われた。しかし地元の同意が必要だ。だから連邦議会の決議の前に、この村の住民に対して調査を行い、次のような質問をした。「あなたの村が核廃棄物処理場の建設地としてもっとも安全であると議会が決議した場合、その建設を受け入れますか？」五一パーセントの住民が「はい」と答えた。続く質問では条件を変えた。「議会が核廃棄物処理場をあなたの村に建設することを決議し、住民一人当たり最高六〇〇〇ユーロの補償金を毎年支払うと提示した場合、核廃棄物処理場を受け入れますか？」

さて、賛成はどれくらいだったと思う？　九〇パーセント以上？　もっと低いと思う人は？

実際には、賛成する住民の比率は五一パーセントから二五パーセントに下がった。標準的な経済学からすると、これは矛盾している。普通は、何かすることに対してお金が支払われれば、それをやろうと思う人は増える。しかしこの場合、補償金が提示されたら、核廃棄物処理場受け入れの支持率は上がるどころか半分に下がった。これはどういうことだろう。誰か説明できる人は？　どうぞ。

男子学生6

スイスの村の住民に提示された補償金の話は、いわばインセンティブです。それには議会の決議が必要ですが、議員たちもすでにその村にしようと決めていたと思います。でもお金の話をすれば、住民は提案を受け入れる必要があるという責任感を失くし始めると思います。処理場をこの村に建設するという例も、読書に対してお金というインセンティブを与えて子どもに本を読ませるという議論と同じだと思います。補償金が与えられれば、処理場を村に建設することは住民にとっては責務ではなくなります。それまで住民は、処理場の建設地として自分たちの村がいちばん条件を満たしていると思っていたけれど、補償を提示された途端にそれを受け入れる責務があるとは思わなくなったのだと思います。

サンデル

非常に明快な答えだ。そのとおりだと思う。この例では、一般的な経済論理が働かなかった。五一パーセントの住民が受け入れの意思を示した時、彼らは公共のために犠牲となる重責を受け入れようとした。住民が核廃棄物処理場を喜んで受け入れたいわけではないが、自分たちの村が最も建設に適した安全な場所であると考えたからだ。責任感から犠牲になろうとした。しかし、補償を提示されると、住民はそれを金銭の絡む取引であるととらえ、自分や家族をリスクにさらしてまで六〇〇〇ユーロを受け取ろうとは思わなかったのだ。実際に意見を変えた人にその理由を聞くと、何と答えたと思う？ 「補償の提示は買収のように感じられた」。それだけではない。補償の提示が責任感を追いやった。これは、金銭的インセンティブの重要な特徴を示している。金銭的インセンティブはほかの価値を追いやることがある。この場合は責任感だ。

もう一つ例を挙げよう。

イスラエルで、複数の保育園が同じような問題を抱えていた。保護者たちが、子どもを迎えに来なければならない時間に必ず遅れるのだ。保育園の先生たちは、遅れてくる保護者が迎えに来るまで待っていなければならない。

人気スターは兵役を免除されてもよいか？

経済学者の助けを借りて、保育園では解決策を考え出した。時間に遅れた保護者に罰金を科すことにしたのだ。その結果どうなったと思う？　罰金が科されることになった途端、遅れて来る保護者は減るどころか増えたのだ。ここでも標準的な経済分析からすると矛盾したことが起こった。経済学者の立場では、ものの値段が上がれば買う人は減るはずなのに、逆の結果になったのだ。なぜだろう？

つまり、こういうことだ。これまで、遅れて来る保護者たちには罪悪感があった。先生に迷惑をかけていると感じていたのだ。しかし罰金が科されるようになると、保護者たちは罰金をサービスに対する料金、ベビーシッター料のようにとらえ始めた。サービスに対する料金を支払っているのなら、罪悪感を抱く必要はない。

ここでも、金銭的インセンティブが導入されることによって、それまで存在していた責任感が追いやられてしまったのだ。この結果を受けて保育園は罰金を科すことをやめたが、遅れて来る保護者の数は増えたままだった。これもまた、市場価値と非市場価値の重要な側面を示している。責任感がいったん金銭的な関係性によって追いやられ、失われてしまうと、それを取り戻すのは非常に難しいということだ。

サンデル　では、最後の例について聞きたい。兵役についてだ。

アメリカでは南北戦争の際、北軍が徴兵制度を採用した。最初の徴兵制度を確立したのはエイブラハム・リンカーンだ。

しかし、法律には次のような特別条項があった。「南北戦争の徴兵に応じたくない者は、代理人を雇うことができる」そして南北戦争では、実際に多くの人が代理人を雇った。別の条項には「政府に一定額を支払えば兵役の義務を免除される」という規定もあった。

この問題について賛否を聞こう。徴兵制がある場合に、徴兵に応じたくない人は代理人を雇うか、政府に一定額を支払って義務の免除を申し出ることができるようにすべきであるという考えに賛成の人はどれくらいいるかな？　金銭による兵役の取引に賛成の人は？

（ほとんどいない）

あまり手が挙がっていないね。一五人か二〇人くらいだ。

では、お金で兵役から逃れることに反対の人は？

（大多数が手を挙げる）

これを韓国にあてはめて考えてみよう。一人の有名なポップスターがいたとする。

韓国でもその他の国でも人気があって、年齢は二十代だ。例えばピ（RAIN）にしよう。

ピはコンサートを開いて多くの人を幸せにしている。レディー・ガガより貢献しているだろう。どうかな？（笑）そして彼は大いに稼いでいる。そこでこういう法案が提出されたとする。「人気のあるポップスターは、キャリアの中断を避けるために、年収の半分を政府に支払えば兵役を免除される」こうすれば韓国政府は歳入が増えるし、そのポップスターは世界中の大勢の人々に喜びを与え続けることができる。

この法案に賛成の人は？

（ほとんどいない）

南北戦争の例に賛成した人と同じくらい少ない。ではこの法案に反対の人は？

（大多数が挙手）

ほとんどの人が反対だ。

まず法案に賛成の人の意見を聞こう。

男子学生7　よく話題にのぼる話をします。パク・チュヨンはサッカー選手ですが、彼が兵役を免除されることを望む人がいる一方で、それに反対する人もいます。パク・チュヨンは海外でも活躍しており、韓国の評価を高めています。でもそれは彼だけではありません。国に貢献している人は大勢います。だから、パク・チュヨンやポップスターが年収の半分を寄付して、それがたとえば貧しい人の生活水準を上げるための資金として使うのなら、その法案に反対する人はそれほど多くないのではないかと思います。もしこのような法案を韓国で実行すれば、反対する人はほとんどいないと思います。

サンデル なるほど、今の提案をどう思うか、みんなに聞いてみよう。彼らが支払ったお金が、貧しい人が大学に行くために役立てられ、大学の入学枠をオークションにかけなくてもすむようになる。あるいは別の方法で貧しい人の役に立つとしよう。この法案ならどうだろう。今度はお金の使い方を限定している。

では、それでも反対だという人。意見を聞かせてほしい。

男子学生8 公民性（citizenship）の価値を損なうことになるから反対です。パク・チュヨンの例を出されましたが、ピもパク・チュヨンも、ポップスターあるいはスポーツ選手である以前に韓国の国民です。国民としての義務はそうした立場よりはるかに優先されるべきです。

サンデル 今度は先ほどの彼に聞く。彼らはポップスターあるいはサッカー選手である以前に韓国の国民であるという意見に対して、どう思う？

男子学生7 その意味ではパク・チュヨンもピも国民としての義務を尊重すべきだと思うし、それについては明確な基準を設ける必要があると思います。でも、パク・チュヨンやピのような人は割合からすればごくわずかで、国外でも活躍すれば、その収入で二年間兵役に就くよりはるかに多くの利益を韓国にもたらします。サッカー選手は選手として最高のプレーができる期間は短いし、ピだってそうです。だから、現実的観点から、私たちはこの法案を成立させるべきだと思います。（一同拍手）

サンデル　君の意見を支持する人が増えているようだ。しかし、公民性の意義を損なうことになるという意見については答えていない。その難問にはどう答える？

男子学生7　兵役を免除されることが公民性を損なうことになるとは思いません。誰もがそれぞれの立場で、それぞれのやり方で国に貢献できます。兵役に就くことだけが公民性の証というわけではなく、各人がそれぞれの立場で、国のために最大の利益となるよう最善を尽くすのが理想だと思います。（一同拍手）

サンデル　さらに支持者が増えているようだ。ポップスターやサッカー選手の才能を活用して、貧しい人を支援するための資金を調達するほうが、実質的に国の利益になるというのが今の意見だ。それなら公民性の点もクリアしている。どうだろう、この意見に反論したいという人。

男子学生9　今、彼は経済的な意味での価値と、お金で測れない価値を論じました。ポップスターがパフォーマンスでお金を稼ぎ、韓国に貢献しているというのは経済的な価値の話です。

でも、兵役や国防はお金で測れない価値です。それを経済的価値で置きかえると、実際に兵役に就こうとしている人は、国を守るために兵役に就くのだという意欲がなくなり士気が下がるでしょう。貧しいから兵役に就くのだと思ってしまいます。兵役に対する兵士の士気が低くなったら防衛力は強くなるでしょうか。そのことを彼にお聞きしたい。（一同大拍手）

サンデル　先ほどの君、どうだろう。多くの人が今の彼を支持したようだが、これは説得するチャンスかもしれない。

男子学生7　僕は一九歳で、二年後には兵役に就きます。僕はサッカー選手でもないし、ピのようなポップスターでもない。アイドル発掘番組に出る予定もないから、兵役に就かなければならないでしょう。でも多くの人は、この問題を自己中心的に考えて、反対しているんだと思います。この人はすばらしい歌手であるために兵役に就かなくていいのに、相対的に恵まれていない自分は兵役に就いて二年間苦しまなきゃならないというのは不公平だと感じるわけです。

でも、見方を変える必要があります。ピのことを考えてください。才能のある人はごくわずかです。一握りの才能のある人が、その能力を生かして国に貢献する。僕はこの国の国民だからその利益は僕に戻ってくる。僕らは全員が同じ立場やレベルにはいません。相対的に恵まれないと感じるかもしれないけど、見方を変えてもう少し寛大になれば、問題は解決すると思います。

スターは、兵役ではなく別の手段で貢献したほうが国のためになる、と発言した学生

男子学生9　言っていることは分かります。でもここで議論しているのは、何が正しくて何が間違っているかを決めるのではなく、一つの方向に向けてみんながどれだけ譲歩するか、あるいは同意するかです。その基準を作るのは僕たちだと思います。仮にもっとお金持ちなら、たとえばサムスン電子のＣＥＯの息子だったら……二〇億ウォンを国に寄付して、それで戦闘機を導入できるなら、もちろん兵役に就くよりそのほうが国のためになるでしょう。

でも、それは功利主義的な観点から判断すべきことではありません。教授がおっしゃったように、非市場的価値と市場価値があるのです。僕らは長期的観点に立って韓国の防衛力を考えなければならない。兵役に例外を作るべきではない。社会について広い視野と高い理想を持ち、その判断が社会全体に及ぼす影響を考えなければならない。だから僕は、少数を例外にすること、特権を与えることを適切だとは思いません。

（一同拍手）

サンデル　二人ともありがとう。いい議論だった。二人の意見の違いが、市場について、そして市場がかかわってもよい領域を論じるうえで重要な問題を提起した。一方は、公共善（public good）には、金銭的なことを含めさまざまな貢献の仕方があるという意見。もう一方は、お金を物差しにしてそれらの貢献度合いを比較することはできないという意見だった。

後者の意見は、お金では測れない非市場的な価値が存在する、としていた。この場合は、国民としてのアイデンティティ、国民の義務がそれにあたる。仮にピが兵役に就くより彼がお金を払うほうが社会の貧しい人々の益になるとしても、例外なく兵役を義務付けたほうが、非市場的価値としての公民性の共有が実現するということだ。

今のような議論は、市場原理とお金はどのような場合に公共善に役立ち、どのような場合に非市場的な価値を締め出すかを考える際に必要となる。

私たちはお金では買えない多くのもの、お金で買うことはできるが、買うべきでない多くのものについて議論してきた。また、市場が時には非市場的な価値を損なったり締め出したりすることで、取引するものの性質や意味を変える可能性があることについても議論した。今日の社会で、市場やお金によって損なわれる恐れのある重要な非市場的な価値の一つに、ある種の公共善がある。それが危機にさらされている。ここ数十年の間にお金で買えるものがどんどん増え、貧富の差が広がっている。アメリカでは確実にその傾向が強まっているし、ほかの多くの民主主義国家においてもそうだと思う。韓国にも貧富の差が広がるリスクが存在するかどうかは、君たちのほうがよく知っているだろう。

普通に生活する過程で、社会的階層の異なるまったく違う人生を歩んできた者同士が公共の場で出会ったり知り合ったりする機会がどんどん減ると同時に、さまざまな階層が混在する組織が減ってきている。不平等が広がり、お金で買えるものが増えるにつれ、私たちが生活し、働き、遊ぶ場所は乖離《かいり》していく。裕福な子どもと貧しい子どもは別々の学校に通う。そしてこれは、共通の人生を分かち合うことを難しくする。民主主義では完全な平等は必要とされないが、異なるバックグラウンドを持つ異なる階層の男女が公共の場で出会い、共に生きることを学ぶことは必要だ。そうやって私たちは、違いを抱えながら共に生き、議論し、考え、尊重し合うようになる。市場社会の危険性、何でも売買できてしまうことの危険性は、私たちが共通の人生を分かち合えなくなり、乖離していくことにある。市場の問題は、単に経済の問題ではなく、結局は私たちがどう共に生きていきたいか、どのような社会を築いていきたいかという問題につながる。

今夜議論してきたように、公平性は、市場とお金がどこまで役割を果たすのかを論ずる基準の一つだ。しかし、公平な社会だけでなく、善き社会という観点もある。これは、お金で取り引きすることに反対するという意見につながっていた。医療や教育の分野では、お金がより高尚な目的を損なうと指摘する人がいた。たとえば本が好きだから読書をするという純粋な動機、最後に議論した公民性などもそうだ。

市場が公共善に貢献できる領域とそうでない領域についても議論した。

アサン政策研究院が調査で、韓国の国民に次の文章に同意するかどうかを質問した。

「近年、お金が生活に与える影響力が必要以上に大きくなっている」

どれだけの人が同意したと思う？　九一パーセントだ。アメリカはわずかに低く、八五パーセントだった。お金が必要以上に重要になっているという認識が社会的に広がっている。

今回の議論でまだ取り上げていない重大な問題がある。なぜお金がどんどん幅を利かせているように見えるのか。また、市場やお金はどこまで関与してよくて、どのような場面でほかの大切なものを脅《おびや》かすのかということだ。

ほとんどすべての民主主義国家において、政党や政治家の演説で正義や共通善（common good）、市場の役割、一人の市民であるとはどういうことかなど、本当に大切なことが取り上げられていないことに、強烈なフラストレーションがたまっている。

今夜のすばらしい議論をきっかけに、大きな問題について社会生活のなかで共に考えようという機運が高まることを願っている。そうなれば、私たちは民主的な生き方と社会の一員だという意識を取り戻し、再び命を吹き込むためのスタートを切ることになる。

みなさんの温かい歓迎に感謝します。どうもありがとう。（一同スタンディング・オベーション）

ソウルでの講義を振り返って

韓国では、野外スタジアムで一万四〇〇〇人もの聴衆を前に講義を行いました。それだけの人々に、講義をするだけでなく、議論に参加してもらうことは、ある意味、私にとって最大の挑戦となりました。そして私は、スタジアムの一万四〇〇〇人と議論することに成功したと考えています。

確か、何十という数のマイクが観客席に用意されていたと思います。そのマイクを私が指名した人たちに非常に効率よく運んでいたのは、韓国の軍人の方々だと聞きました。観客席にはビデオカメラも設置されていて、発言者の顔は私の後ろにある大きなスクリーンに映し出され、会場にいる全員に見えるようになっていました。発言者が誰なのかがはっきり分かり、相手の顔を見ながら反対意見を述べたり、説得したり、相手の考えを学んだりすることができました。集団に埋もれることなく、一個人としての意見を聞くことができました。本当の討論、対話、ディベートのようでした。対話する相手の顔を見ることができたことは、大きな効果があったと思います。

あの講義を史上最大規模の哲学講義として、ギネスブックの世界記録に申請すると聞きました。史上最大かどうかはわかりませんが、あれだけの大人数で自由討論ができたことは本当にすばらしいことだと思います。スタジアムが円形劇場式で観客席に傾斜があったため、私には参加者たちがとても近く感じられました。どのような人物が何を考えて発言しているのか、笑っているのか、悩んでいるのか、自信がないのかなどがはっきり分かりました。発言者の感情が見てとれ、理解できたからこそ、あの大討論は成功したのです。

この講義では、兵役という極めて大きな問題を取り上げました。韓国の参加者が現実に直面している例を用いて、お金と市場の役割についての哲学的な考えを知ろうとしました。北朝鮮との関係もあり、韓国社会にとって兵役義務はとても大きな意味を持っています。私は、韓国における兵役は市民の義務であるという認識を、市場原理と照らし合わせてみたかったのです。そこで韓国のスターであるピを例に挙げ、彼が収入の半分を韓国政府に支払う代わりに兵役免除になってもよいかどうかを問いかけました。

参加者からは、賛否両方の非常に説得力のある意見が出ました。政府の懐《ふところ》がうるおい、スターが海外で韓国の評価を高める役割を果たせるから賛成だという人もいれば、市民の義務は平等に割り振るべきだから反対だという人もいました。反対派は、誰かが兵役に就かなければならないのであれば、有名なスターのピであろうと、全員が兵役に就かなくてはならないと主張しました。あの例を用いたのは、市場原理と市民の義務に食い違いが生じたとき、何を考えるのか？　考える筋道は？　何を優先するべきか？　問いかけるためでした。おかげで議論は心をとらえるものになりました。

韓国の講義でもっとも心に残ったのは、夜空の下、野外スタジアムで一万四〇〇〇人もの人が倫理や正義、民主主義のような大きなテーマについて、真に有意義な、同じ市民同士という自覚を持った対話を行うことが可能だったという事実です。あの人々の様子に、私は不思議な気持ちになりました。古代アテネも同じだったに違いない、その時も市民がスタジアムにつどい、大きな問題を議論し合い、そして西洋の政治哲学がソクラテスの時代に生まれたのではないか、と。おかげで私には少し見えたと思います。街なかで市民が一つになって議論を交わすとはどういうことか。

マイケル・サンデルの白熱教室@東北大特別授業
これからの復興の話をしよう

二〇一三年二月二二日、東北大学川内萩ホール。

東日本大震災からおよそ二年を迎えるタイミングで、マイケル・サンデル教授は震災の当事者たちと直接に語り合う特別講義を行った。

特別講義に参加したのは、東北大学の学生とＮＨＫが一般公募で募集したおよそ一〇〇〇人。参加者の九割が宮城や福島など、東北在住の人たちである。これほどの規模で被災した当事者が一堂に会し、震災復興について議論し合う機会はこれまでなかった。

東北の人は議論しないほうを選ぶ?

サンデル　私はこれまで度々、日本で特別講義を開いてきました。でも今日はいつもとは違います。

私が教えているのは政治哲学や倫理哲学という学問です。講義では、架空の題材を使って学生たちに質問を投げかけ、議論を深めていきます。それがハーバード大学でのやり方です。しかし、今日の講義は違います。なぜなら、今日の議論で取り上げる質問に架空の話など一つもないからです。

今日は現実の問題、すなわち、東北の方々が向き合っている実際の困難や課題について語り合いたいと思います。

みなさんが直面している難しい問題に、解決策を示すことができたら、どんなにいいかと思いますが、それは私にはできません。できることは今日、みなさんと一緒になって、お互いの話に耳を傾け、共に学び、復興のなかでぶつかるさまざまな課題、難しい選択について、倫理、道徳といった側面から考えていくことです。

今日、この会場に集まってくださったみなさんのほとんどが東北に暮らす方々です。

この講義に参加するにあたって、みなさんから事前に送ってもらった応募動機を拝見しました。その多くに、とても心を打たれる文章が書かれていました。

そのなかの一つに、今日これから行おうとしている議論に対し、やんわりと疑問を示したものがありました。それは、仙台で生まれ育った坂野さんという方が書いたものです。坂野さん、いらっしゃいますか？　どちらにいらっしゃいますか？

（客席後方の三十代の女性が立ち上がる）

坂野さんは実はここ東北大学の卒業生でもあります。彼女は応募動機に、こんな趣旨の内容を書いてくれました。「東北の人間は我慢強くシャイです。人を傷つけるぐらいなら自分が耐えればいい、そういう気質を持っています。それは震災直後には、自己犠牲をいとわない美徳として賞賛を受けたようですが、一方で本音を言って相手とぎくしゃくするよりは、議論しないほうを選んでしまう。東北の人はそういう気質なのです。だから、今日の白熱教室はきっとうまくいかないでしょう」。（一同笑）

私はこの挑戦を喜んで受け入れます。そして、ここにいる全員に、彼女の挑戦を真剣に受け止め、うまくいくのだというところを見せられるよう、頑張ってほしいと思います。坂野さん、どうもありがとうございます。（一同拍手）

まずは復興の進みぐあい、そして将来への展望についてみなさんの考えを聞きたいと思います。

今から全員参加の多数決をとります。聞きたいのは次のことです。「現在の復興に抱く考えを一言で言い表すとするならば、あなたの考えはどちらに近いだろうか。復興について楽観的か、あるいは悲観的か」

楽観的だと思う方は白のカードを、悲観的だと思う方は赤のカードを上げてください。

（会場全体で白と赤のカードがおよそ半々に上がる）

意見が分かれました。ほとんど半々のようです。ありがとう。

ではこれから具体的な問題を取り上げ、みんなで考えていきましょう。

VTR「仮置き場はどこへ置く？」

ナレーション　多数の命が失われた東日本大震災。

サンデル教授が次に注目したのは原発事故が招いたさまざまな問題です。

現在被災地では、百を超える市町村で除染作業が進められています。放射性物質で汚染された表面の土を取り除き、線量を抑える作業です。こうした土は、将来的には最終処分場で処理される予定ですが、当面保管するための仮置き場がなかなか決まらないという問題に直面しています。

福島第一原発から六〇キロ圏内に位置する福島県伊達市。
集落の自治会長をする佐藤洋美さんです。
仮置き場を決めるのに半年がかかりました。

（予定地を指さす佐藤さん）

佐藤洋美さん　この一画ですね。

ナレーション　この集落では当初、ここに仮置き場を設置しようとしました。ところが、線量の高い土が近くに来ることが不安だと、周辺に暮らす住民から反対の声が上がりました。

佐藤洋美さん　（この土地を所有する）本人が提供したいという話だったんですが、そのまわりの方からやはりダメだという反対があって、なかなか見つけるまでは大変でした。

ナレーション　その後、候補地を六回考え直した末、この場所に仮置き場が決まり、ようやく除染作業を始めることができました。
しかし、ほかの地域では、住民の理解を得ることができず、仮置き場が決まらないケースが数多くあります。

（仮置き場の設置が検討される地域の住民インタビュー）

住民　自分たちはいいけれど、子どもや孫に対してはやはり気になります。

ナレーション　地域によっては仮置き場が決まらないものの、除染は一刻も早く始めたいと、自宅で保管する「仮々置き場」まで現れています。

サンデル　非常に切実で、逃れることのできないジレンマを抱えていることがわかりました。ここでみなさんにうかがいたい。仮置き場はどこに設置するべきなのでしょうか。「自分の家の近くでもいい」という方は白のカードを上げてください。自宅の近くに設置されることを望まない方は赤のカードを上げてください。

（参加者が白か赤のカードをそれぞれ上げる）

意見が分かれましたね。ただ、赤のほうが多いでしょうか。ありがとう。

となると、ここである問題が発生します。半分を超える人が、「自分の家の近くに仮置き場を設置してほしくない」と言っているのですが、ではどうすればいいのでしょうか。どこに置くべきなのでしょうか。

それでは議論を始めましょう。赤を上げた方。なぜ嫌なのか、代わりにどうすればいいのかお話しください。

男性1　自宅の近くに仮置き場を設置することには反対です。と言うのも、私が一人暮らしをしているのなら構わないのですが、私には家族がいます。守るべき人がいます。なので仮置き場を設置するのならば、住民のいない人里離れた場所に置くべきだと思い

サンデル　ます。（一同拍手）
あなたは、大切な家族の身が心配だと。彼らに放射線のリスクを負わせたくないというわけですね。では一方で、白を上げた、「自宅近くに仮置き場を設置してもかまわない」という方。なぜ受け入れられるのか、その理由を教えてください。

男性2　結局のところ、誰かがそれを引き受けないといけないからです。それに「仮」ですから、数年後にはほかの場所に移されるでしょうし。ただ、引き受けるには一つ条件があります。仮置き場や放射性物質について直接きちんと説明していただきたい。

サンデル　分かりました。ではこんな実験をしてみましょう。私が政府の役人だとします。あなたの家に説得に来ました。近くに仮置き場を作るために住民のみなさんに合意していただきたいと思っています。そんな私に何を聞きたいですか？

男性2　どういう補償を受けられるのでしょうか？　こちらの状況が悪くならないようにしてほしいです。

サンデル　なるほど。まず補償についての質問があがりました。
ほかに「受け入れられない」という人で意見のある方はいますか？

女性1　私の場合、福島の実家の家族のことを第一に考えまして。実家では農業を営んでおります。もし補償を訴えるのであれば、そういった作物の損害とか、信頼が回復するまでの数年間、どのように補償してくださるのかということを訴えると思います。

サンデル　分かりました。ほかに知りたい疑問点はありますか。

女性１　仮置き場ですので、仮の期間はどのくらいなのかということを質問したいです。仮が例えば一年とか二年ではなく、状況によっては五〇年とか延び延びでもっと長くなる可能性もあるのではないか、あやふやになってしまうことが心配ですし。何だか引き延ばされそうな気がして、その辺がとても気になります。

サンデル　あなたがおっしゃったのは、仮とはどのぐらいの期間なのか、自治体なり、国からきちんと説明を受けたいということですね。それでは、仮置き場がなくなるまで、あなたの近くから汚染された土がなくなるまで、どのくらいの期間がかかると思いますか？

女性１　想像するのは一年や二年の範囲だと思いますが、それは仮にしては長いかなと思います。

サンデル　一、二年でも長すぎるということですね。それでは、あなたが受け入れられると考える期間はどれくらいですか。

女性１　やはり半年くらいかなと思います。

サンデル　半年ですか。それでは現実的に考えて半年経てば仮置き場から別の場所へ移されると思いますか？

女性１　思いません。

サンデル 分かりました。ありがとう。
実は今日、会場に、ＶＴＲに登場した福島県伊達市の集落で自治会長を務められている佐藤洋美さんをお呼びしています。佐藤さん、どうもありがとうございます。この問題に取り組まれ、大変な苦労をされたそうですね。佐藤さん、ぜひ立ってお話を聞かせてください。仮置き場を設置するためにどういう経験をされたのでしょうか。

佐藤 決定するまでは、六箇所くらい探したわけです。それで結局、期間が何年になるかというのが一番のネックでした。

サンデル やはり、仮置き場の設置期間が問題となった。それにどう答えられましたか？

佐藤 市のほうでは三年ということで目処をお話しししています。浜通りに中間貯蔵施設を作るということで説明しているようですから、三年で仮置き場はなくなるということです。

サンデル 三年、それが仮置き場の期間ですね。行政がそう説明しているわけですが、では三年以上かかる可能性はどれくらいあると思いますか？

佐藤 五分五分じゃないですか。はっきりは申し上げられませんが。中間処理場の箇所が決まらないうちはどうにもならないですから。決まらなければそれ以上また何らかの補償をいただくような形になると思います。

サンデル 三年以上かかるならば、新たな補償が必要であると。

佐藤　中間処理場が早くできないと、何年でも置くような状態になります。そうなると避難している家族や子どもさんが安心して地元には戻れないと思いますので、中間処理を早くやっていただければいいと思います。

サンデル　佐藤さん、そのままマイクを持っていてください。

仮置き場の設置を望まない人たちに再び議論に参加してもらいましょう。今こちらには、自治会長としてこの問題に取り組まれた佐藤さんがいらっしゃいます。そして一方には、「合意するためには、いくつか聞きたいことがある」と反対する人が二人います。

それでは佐藤さんに尋ねてください。「仮置き場を自宅近くに設置することを受け入れてほしい」とあなたは佐藤さんから言われているとします。どんなことを聞きたいですか？

女性1　まず、その期間というのは確実に守られるのでしょうか。

佐藤　仮置き場の期間ですか？　先ほどお話ししたとおり、中間処理場ができなければそれはできないです。延長するほかないです。

女性1　中間処理場はいつできるんでしょうか？

佐藤　それは、国のほうで現在やっておりまして、どういう形に作るかはちょっと私もよく分からないのですが、そういう箇所が浜通りにあります。

男性2　たとえば三年とおっしゃいましたけど、その期間のうちに土壌から何らかの影響があって、自分や、自分の身内の健康に被害が出たときに、どの範囲までカバーされるのでしょうか。あともう一点、国が最終処分場を決めるというお話を先ほどからされているんですけれども、じゃあ国が動かなければ最終処分場はもう見つからないのかとすごく憤りを感じます。自治体レベルとして、下からのボトムアップの動きとか最終処分場を探そうという、もっと自発的な動きはないんですか。

佐藤　今のところは国に頼るほかないと思います。仮置き場でさえやっと見つけるような状況ですので、なかなか難しいと思います。

男性2　あとは補償の範囲とか、具体的な健康面で被害が出た時の補償金額はどのようなガイドラインに則ってやられるのかということをお聞きしたいです。

佐藤　そういう健康面の問題については、私たちも、そういうことは考えていないんですよ。できることはただ、置き場で除染をして、子どもさんたちが避難所から安心して帰って来られるような状況を作ることくらいです。

サンデル　自治会長というのは本当に大変な立場にありますね……。みなさん、どうもありがとうございました。

やりとりを聞くなかで、大きな問題が二つあるように思いました。

第一に、これが決して避けられない問題であるということ。つまり復興を進めていくためには汚染された土をどこかに置かなければいけないということです。その一方で、住民は仮置き場の期間などさまざまなことに対して不安を抱いています。

注目したいのは、今のやりとりでも見られたように、実際に枠組みを作る国と、現場で対応を迫られる地方自治体との間にズレがあること。これが質問に答えることを難しくしています。

佐藤さん、あなたは国の決定に従うしかない状態です。地方自治体が国に代わって、今後どこまで物事を決定できるようにするかが課題なのです。

二つ目の大きな問題は、今、行われたやりとりや議論のなかで垣間見えてきました。すなわち「信頼」の問題です。人々は何を信じればいいのか悩んでいます。行政職員が住民のことを思って一生懸命やっているのだとしても、その説明を信じることができないのです。

仮置き場を受け入れることができないと赤のカードを上げた人々が、自宅近くに放射性物質で汚染された土が置かれることについてどう考えているのか。それは健康への被害が出るのではないかと心配しているだけではなくて、行政から受ける説明を信じたくても信じられないと思っている面もあるでしょう。

復興を進めるうえで、このように信頼が欠如して懐疑的な状態にあるということは、正しいあり方でしょうか。実は、信頼が築けていないという問題もまた、仮置き場をどこに設置するのかという問題と同じくらいに話し合い、議論し合う必要があるでしょう。

ではこのことも踏まえて、さらに難しい話題に移りたいと思います。

今回の原発事故では、国が指定した避難区域に暮らしていたため、強制的に避難させられた方々がいます。

一方、国による指定区域に住んではいないが、自分自身や家族の安全に不安を感じ、自主的に避難された方たちもいます。こうした自主避難の方たちは今、非常に厳しい、難しい現実のなかにいます。

VTR「自主避難は自己責任?」

ナレーション　福島県の北西に隣接する山形県。一万人近くの人が福島の各地から避難しています。山形に避難してきた人の多くが自分の意志で避難した自主避難者と言われています。

(子どもを連れて自主避難をした母親のインタビュー)

自主避難者　放射線の心配がないところで生活しているほうが、子どもを守ることができるんだろうなぁと思ってここに来ました。

ナレーション　政府の定めた避難区域の外から自主的に避難した人たち。

その行動は、国が出した安全基準への不信感から生まれています。自主避難者のほとんどが幼い子どもを持つ母親です。夫は仕事のため福島に残っている場合が多く、二重生活を強いられています。家族離ればなれの生活は、家庭に精神的、金銭的負担を課します。独自に家賃補助などを行う自治体もありますが、一部にとどまっています。不安だからという自分の意志で避難した人たちへの経済的な支援は、どう考えればいいのでしょうか。

サンデル　これは意見の分かれる問題です。自主避難をした人も金銭的な補償を受けるべきなのか。あるいは、自主避難はあくまで自分で決めたことなのだから、補償は受けられないと考えるのか。

それではみなさんに聞きます。「自主避難者も補償を受けるべきだ」という方は白のカードを上げてください。いや、「補償を受けるべきではない」という方は、赤のカードを上げてください。

（参加者が白か赤のカードをそれぞれ上げる）

ここでも意見が分かれました。今回は半々でしょうか。赤の方が若干多いでしょうか。

それでは、最初は赤を上げた方にうかがいます。自主避難は自分で決めたことなので、金銭的な補償は受けられない、と考える人。その理由を教えてください。では誰か、議論の口火を切ってもらえるでしょうか？

グンペイ　グンペイと言います。自主避難した人たちも大変で、やはり困っているので、補償してあげたいという気持ちはあるんですけれども、補償をするための経済というものにはやはり限りがある。それから、避難をする状況にもさまざまあって、どこかで線を引かなければいけないとなると、やはり自主避難の人まで補償してあげることはなかなか難しいのではないかと思って、赤のほうに上げました。

サンデル　つまり、危険な区域に暮らしていた人々、政府から避難を指示された人々は金銭的な補償を受けるべきだが、公的に指定された避難区域でないところに住んでいた自主避難者については、その苦労は理解できるが、予算にも限りがあるため、補償を受けるべきではない、ということでしょうか。

グンペイ　そうです。どこかで区切りを付けるというふうになると、やはり国の強制避難、それから自主避難というところで分けるというのは、妥当なのではないかと思うんです。

サンデル　どうもありがとう。

では次に、反対意見を聞いてみたい。自主避難をした人も補償を受けるべきだと思う人は？

マキ　マキといいます。私は山形市で実際にあの場所で（ＶＴＲに登場した）お母様方とかかわりを持たせていただいています。

ある程度の区切りは確かに現実問題としては必要になってくるかもしれませんが、実際の当事者という立場に立つと、やはり子どもも心配、食べるものも心配。本当にいろいろな心配事を生み出したのは国の原発というものであって、避難されているお母さんたちの心の葛藤といいますか、そういった状況を生み出したのは国なのに、どうして何も補償してくれないの？　というところがやはり感情論としては出てきてしまうと思います。

グンペイ　感情で話していくと、そこは私も納得する部分ではあるんですが、福島の近くのエリアから山形に避難された方もいれば、極端な話をすれば、東京やもう少し離れたエリアからもっと遠くへと避難されている方もいて、それを平等に取り扱うのはなかなか難しいのではないかと思います。

サンデル　マキさん、あなたは自分の意見に「感情論」という言葉を使いました。しかし、あなたは実際のところ、とても論理的な主張をしているように私には聞こえました。自主的に避難した人の多くは、政府の指定区域に住んでいなかったものの、家族や子どもたちは現実に放射能の危険にさらされ、安全性が信頼できなかったということを根拠にしていた。彼女たちの不安、健康への心配は正当なものであり、避難するという判断は理にかなっていた。政府の指定区域が狭すぎたのだ。あなたが主張しているのはそういうことでしょうか？

マキ　そうですね。信頼というところがやはり大きいと思います。本当に子どもたちを守っていけるのか、ということが心配で避難をしている。

サンデル　いいでしょう。議論は深まり、信頼という問題が再び持ち上がってきました。グンペイの主張はどこかで線を引かなければならないというものでした。すべての人を補償できるわけではないと。しかし放射能の危険について政府が出した情報、避難区域の範囲については信頼性に問題はなかったのでしょうか。もし自主避難をされた方が政府を信用できず、実際に家族が危険にさらされていると信じるのも無理がない状況であったなら、たとえ避難区域外に住んでいたとしても補償を受けられるようにすべきだとは思いませんか。

グンペイ　私自身も原発事故に関しては政府をあまり信頼していないので、そこから逃げ出す、避難するということは非常によく理解できるし、おそらく自分もそうしたのではないかと思います。でもどこかでやはり線を引かなければいけないとは思うので。たとえば空間線量が実際に何マイクロシーベルトあるとか、そういったところで段階的に決めるか何か、そういうものが必要かもしれません。

サンデル　いいでしょう。どうもありがとう。

男性3

では、この会場で実際に自主避難している方はいらっしゃいますか？　もしいたら、手を挙げてください。

(男性が手を挙げる)

はい。体験を語っていただけないでしょうか。

三・一一の時に郡山に住んでいました。その直後に原発の建屋が爆発しまして、親戚が川崎にいたので、そちらのほうに、遠くに避難することをまず決断しました。

特に避難の問題もそうですし、放射線に関する問題もそうですが、家族で今までにないぐらい激論を交わしました。当然ほかの友人、知人、親戚もそれぞれ考え、立場、状況が一人ひとりそれぞれ違うものですから、水掛け論になりますし、けんかになりますし、さらには、何も議論しないのが一番ということで、あえてそういった話題を避ける傾向もあったと思います。

特に自主的避難の問題に関しては、たとえば事故前の生活費が補償されるのであれば、明らかに避難する方はもっともっと増えるでしょう。そういった補償がないので、事故前の一〇倍以上の線量が日常的に周りにある中で、幼稚園の子が二人いますが、外遊びもできない。週末も公園で遊べない、そういった現実を受け入れながら日々生活しているわけです。その辺の現状が、どこまで伝わっているか分かりませんが、そうやって覚悟を決めて、現実を受け入れて生活している人がいるということを忘れな

サンデル

いでほしいと思います。（一同拍手）

今の議論が示したのは、葛藤や難しい選択を迫られた場合、すなわち、原発事故や津波災害などによって、これからの人生をどうするか決める必要がある時、意見の不一致が必ず生じるということです。それは避難地域をどこにすべきかといった政治レベルの話だけでなく、コミュニティや家族といった親しい間柄のなかでさえも激しく起こります。

それならば、異なる価値観や意見の対立を引き起こし、親しい間柄を危うくするような議論はしないほうがよいのではないか、という疑問も浮かびます。議論の対立は、知人や家族の関係を壊してしまうものなのか。それとも、こうした議論から何か実りあるものを得ることができるのでしょうか。

次の議論は、倫理をめぐる究極の選択です。誰かの命を救うために、ほかの命が犠牲になることをどう考えるべきか、という問題です。

私がハーバード大学の学生たちとこの議論をする時には、一つの仮定に基づいた問題を設定します。たとえばブレーキの壊れた暴走列車の運転手が五人の命を救うために一人を犠牲にすることが許されるのか、というような架空の物語です。

ところが、東北の被災者の中には実際、現実に、究極の選択に直面された方々がいました。

津波の時、ほかの人の命を救うために命を落とした方々、民生委員や消防団の方たちの話です。こうした人々が、地域の高齢者や弱い人々を助けようとして犠牲になったケースがいくつもありました。

人命救助と犠牲の問題を、震災後の今、どのように考えるべきなのか。津波によってつきつけられた、この究極の選択について考えてみましょう。

VTR「自分の命か職務への使命か?」

ナレーション　津波で大きな被害を受けた宮城県山元町。大地震の直後、一人暮らしの高齢者の避難の呼びかけに回っていたのが、民生委員でした。民生委員とは日常的に地域の高齢者の見守りなどをするボランティアです。報酬はなく、支えているのは使命感です。

震災当時、山元町で民生委員をしていたのは二九人。そのほとんどが高齢者のもとへ駆けつけました。

その一人、育村弘美さんです。

育村さんはあの日、二人の高齢者を避難させ、三人目の呼びかけに向かう途中、津波にのまれ命を落としました。

育村俊彦さん（弘美さんの夫）　あそこで強く止めれば良かったのにと誰かに言われたこともあったんですけど、そこまで私、言わなかったんですよね。でも前々から、地区の人のためになることならば（役に立ちたい）、と言ってましたから、何とも複雑な気持ちですよね。

ナレーション　今後、民生委員がどこまでの責務を負うべきか。震災後、全国的な課題となっています。

静岡県浜松市でも民生委員に向けた講習会が開かれました。

浜松市民生委員会長　一人では、いかに頑張っても一人か二人しか助けられません。

ナレーション　東日本大震災で犠牲となった民生委員は五六人。その現実を受けて、民生委員はほかの人を救うよりも自分の安全を優先するよう、強く呼びかけられるようになりました。

浜松市民生委員会長　たとえがよくないけどマイナス二よりマイナス一のほうがいい。わかりやすく言えば。民生委員も要援護者も死にましたではマイナス二。あまりこんな言い方はしたくないんだけどね。

ナレーション　民生委員だけではありません。同じボランティアとして地域の防災を担う消防団も二〇〇人以上が命を落としています。

サンデル　命を失うということは、どんな状況であれ悲劇です。では、どのようにルールを決めるべきなのでしょうか？　どういう指示をすべきなのでしょうか。

ここでは相反する二つの原則が天秤にかけられています。一つは、災害時には、老人や弱い人を一人も見捨てるべきではない、という原則です。もう一つは、民生委員や消防団は自らの命を懸けてまで人の救助に向かうべきではない、というものです。この二つの原則の、どちらを優先すべきなのか。みなさんはどう考えるだろうか。

一つ目の原則、災害の時には老人や弱い人を、見捨てるべきではないという方は手元の白いカードを上げてください。民生委員、あるいは消防団員は命を懸けてまでほかの人の救助に行くべきではない、という方は赤のカードを上げてください。

（参加者が白か赤のカードをそれぞれ上げる。赤のほうが少し多い）

意見が分かれました。でも今回は赤を上げた人が多いようです。

では、まずは、赤を上げた人から始めましょう。誰かその理由を説明してくれる人は？　はい、二階席のあなた。

男性４　災害時にすべての高齢者を救うのは不可能です。救おうとすればさらに多くの犠牲者が出るでしょう。ボランティアが自ら救助に行くという決断は――その人の選択に委ねられるべきです。強制することはできません。

サンデル　強制ではなく、そのような期待をかけることもいけないのでしょうか。

男性4　人の命を救おうという選択をする人がいることを期待するのはかまわないですが、全員にそれを期待するのは無理だと思います。

サンデル　これは簡単な問題ではありません。考えるべきは、どこまでを期待すべきか、ということです。ボランティアの方、民生委員や消防団員に対して、犠牲を強要してはならないということに異論はないでしょう。では、倫理的にみて、どこまでを職務として期待して、緊急事態に直面した時、民生委員や消防団はどんなルールに添って行動すべきでしょうか?

では、この会場のなかで、どなたか、実際に民生委員をしていらっしゃる、あるいは、消防団に所属している方はいらっしゃいますか。手を挙げてください。

（四十歳前後の男性が手を挙げる）

消防士　はい。あなたの話を聞かせてください。

ミウラといいます。福島県郡山市から来ています。私はボランティアではなくプロの消防士です。

サンデル　プロの方でもかまいません。ぜひ考えを聞かせてください。

消防士　原発の建屋が爆発した次の日に三〇キロ圏内の病院から患者さんを運び出せという命令が下りました。ただ、行けますか、行けませんか、という問いでした。僕は自分の立場が分かっているので、自分が断れば必ず誰かが行くことになるし、すぐ即答して。ただ、この先いつ帰ってこれるか分からなくなると思ったので、妻と子どもは、妻の実家の東京のほうに新潟経由ですぐ、着の身着のまま戻したような状態です。

サンデル プロフェッショナルでなければ、個人の判断に任される部分はさらに大きいものと考えます。

消防士 しかしあなたはプロであるから、それを自分の義務であると思われたわけですね。ただ津波にしても原発災害にしても、今まで経験のない災害です。火災や洪水であれば、リスクがある程度は計算できます。なので、今まで経験したことのない災害に対しては、やはり本人の希望（を聞くべきです）。それを取るのは、私が上司なら必要かと思います。

サンデル ではもしあなたが上司だったら、どのような命令を部下に下しますか？

消防士 命令を下す前にまず人選を考えます。幼い子どもを持たない者。あるいは若者は外してメンバーを選んで、それでも意向を聞くことになると思います。

サンデル ありがとうございました。大変説得力に満ちた意見でした。

（客席の男性が手を挙げる）

ではこちらにもいらっしゃるようです。どのような経験をされたのですか。

消防団員 仙台市内の地域の消防団で消防団員をやっております。私は学校に勤めておりますので、震災当時は、学校で生徒の避難誘導に当たりました。私の地域自体は津波の被害はありませんでしたが、その次の日からは荒浜という地区に行って遺体の捜索や救助活動を行っておりました。

サンデル　あなたはどちらの原則を選びましたか。誰も見捨てるべきではないのか、それとも命を懸けてまで救助に行くべきではないのか。

消防団員　私は見捨てるべきではないほうを選びました。消防団員になったのは、やはり地域住民を守るためにという考えで、自分で選んだ道ですので。もしそういう状況だったら後先考えないで、たぶん自分は動いたと思います。

サンデル　では、自らの命を犠牲にすべきではない、という民生委員への指導についてはどのように思いますか。

消防団員　指示をする立場の人間であれば、その議論は分かります。

サンデル　では、もしあなたが指示する立場の人間でしたら?

消防団員　やっぱり自分の身を考えるように指示をしたと思います。

サンデル　ありがとうございました。

ではほかに民生委員の方はいらっしゃいますか。

(客席の男性が手を挙げる)

どうぞ。

自治体の担当者　サトウと申します。民生委員ではなくて、自治体で民生委員の担当をしております。よろしいですか。

サンデル　民生委員の上司ということですね。

自治体の担当者　いえ、パートナーです。

サンデル　ぜひお話しください。あなたはどちらの原則を選びましたか？　民生委員へのルールについてどうお考えですか。

自治体の担当者　人を助けるのではなく、生き残るほうを、という意見です。なぜかというと、民生委員さんは困っている人を助けるというのが仕事なんです。実際に被災した時に人の命を助けることもそうかもしれませんが、残った後、災害が終わった後にたとえば避難所に避難している方々の世話をするのも民生委員さんの仕事になります。被災の時ではなくて避難がずっとつづく、復興のなかで続く長い期間にわたる職務が民生委員に期待されている仕事だと思ったので、私はそういった考えを持っております。

サンデル　では、もしあなたが、プロの消防士を監督する立場であったら、その場合は何か違いはありますか？

自治体の担当者　プロの消防士でも私にとっては同じです。生き残ってその方がやるべき仕事は、プロの消防士でも多く残されていると思いますので、それにはまず自分が助かることを指示します。

サンデル　分かりました。二つの難しい選択について、さまざまな意見を聞くことができました。

実は、この会場に被災地出身の作家の方に来てもらっています。古川日出男[1]さんです。

福島県出身で、震災一カ月後に、福島に戻り、ご自分の体験を小説に書かれました。ようこそお越しくださいました。古川さん、今の議論を聞いて、あなたはどう考えましたか。

古川　僕は最初、やはり全員を助けるよりも、生き残る道を選ぶべきではないか、そちらのほうを選んだのですが、みなさんのお話をずっと聞いているうちに、違う印象が浮かびました。

あの津波の時に民生委員の方が残って誰かを助けに行って波にのまれてしまった。最後まで津波が来るから逃げてくださいと叫んだまま津波にのまれてしまった役所の人がいた。そういう人たちがいなかったら、全員逃げたとしたら、何か心が救われなかったような気になるんです。先ほど、僕と同じ福島の郡山市の消防士という方がいらっしゃいましたけど。放射能の警戒区域になった病院で高齢者が残っている時に、プロである消防士の方が自分の家庭があるにもかかわらず助けに行くのだと言ってくれた。それでももしかして実際に行ったらすごい被曝で犠牲になったかもしれない。そういった人たちがいたことによって、助けに行った消防士というプロフェッショナルに対する僕たちの尊敬と希望が残って、より多くの人がどこかで救われたんじゃないかなという感じがしました。（一同拍手）

サンデル つまり、これまでの議論を聞き、自ら考えた結果、意見を変えたということですね。あなたが意見を変えたのは、人を助けようとして命を失ったその五六人の民生委員の犠牲の向こう側に、尊敬と希望を見出した、というのが理由でしょうか。

古川 なぜならば、震災の後、やはり国を憎みたくなるんです。国の制度のせいで、例えば汚染されたものが散らばったまま、仮置き場も決まらない。でも、自らを犠牲にして亡くなった人たちがいるから、この国はすばらしいと思えるので。日本人が日本という国を最後まで憎んでしまったら、結局復興はしないのではないかと思います。自らの命を犠牲にするほどの使命感のある人たちを止めたくはないなと。その人たちに助けてもらいたいなと今は思っています。（一同拍手）

サンデル 命の意味をめぐる、とても雄弁で、説得力のある意見でした。ではこの意見に反論できる人、違う考えを語ってくれる人はいないでしょうか。

---

① 一九六六年、福島県郡山市生まれ。著作に『アラビアの夜の種族』（二〇〇一年）、『ベルカ、吠えないのか？』『ＬＯＶＥ』（二〇〇五年）、『聖家族』（二〇〇八年）、東日本大震災直後の福島での旅が綴られる『馬たちよ、それでも光は無垢で』（二〇一一年）などがある。

男性5　（若い男性が手を挙げる）

今、助けないのは見捨てるということだという話がありましたが、私は見捨てているとは思いません。たとえば坂を登っている車いすのおばさんを同じ方向だから押してあげるとか、崖の上に登れない人を手助けしてあげるっていうのは、助けることだと思いますが、わざわざ沿岸部に行って救おうというのは、言い方は悪いかもしれませんが、正直普通の人がやるのは無謀なのではないかなと思います。それよりもさっき自治体の方からお話があったように、生きてできることを探った方がいいのではないかと思います。（一同拍手）

古川　僕たちは、家族を助けたいから一人では逃げない。使命感を持っている民生委員の人だったら、やっぱりどうしても助けに行ってしまう。こんな二万人規模の被害と、放射能ならば一六万人規模の避難者が出てしまう事態に対して、やっぱり想像を絶することが起きたけれど、それでも大丈夫なんだなと。誰かは助けてくれるかもしれないという。あるいは原発の建屋に水を掛けるために、行きたくないけど行った自衛隊の人たちのことを思うと、あの人たちがいなかったら、ちょっと誰も助けてくれない国なんだと思ってしまう。

男性5　亡くなった人がいたから、自分たちは救われるんだというのは、本当に、それは本当のことです。言い方は悪いかもしれないんですが、でもそれは正直、結果論であって。

むしろそのほかの分野で、たとえば作家さんなら小説とか、芸術とか、そういう分野でも心は救えると思うんです。わざわざ心を救うために自分の命を落とすっていうのは、行きすぎた使命感ではないかと思います。

古川　まったくその通りです。ヒロイックな行為をたたえようとしているわけではないので、そこのところはイメージしてもらえるとありがたいと思います。

サンデル　いいでしょう。とてもすばらしい議論でした。ありがとうございます。（一同拍手）

この議論は人の命と犠牲についての根源的な問題を提起しました。犠牲の結果生まれた尊敬や希望は命そのものよりも尊いことがあるのか。そういう問いに対してまったく異なる立場からの意見があり、そのどちらの主張にも賛同の拍手が会場から起こりました。それぞれに強い説得力があったからです。

自分の命か職務への責任かという今回の震災から導かれた問いについて考えることで、人間の命の最も根源的な問いが導かれました。それは哲学的な問いであるし、感情に訴えかけるものでもあります。さらに言うとこれは、どのような社会を私たちが築いていくかという、民主主義にかかわる問題にまでつながるのです。

今日、私は被災地の名取市閖上《ゆりあげ》を訪れました。そこでも復興をめぐって意見が対立していました。その対立はさらに、復興の歩みそのものを遅れさせていたのです。

VTR「復興に必要なのはスピードか、コンセンサスか?」

ナレーション 被災地で数多く見られる復興の遅れ。その原因の一つは行政と住民の意見の食い違い。さらには住民同士の意見の食い違いです。

九〇〇人以上が亡くなった宮城県名取市。なかでも閖上地区は四メートルの津波にのまれ壊滅的な被害を受けました。現在は見わたす限りのさら地です。

(閖上地区を、ガイドボランティアの小齊正義さんと歩くサンデル教授)

小齊正義さん (高く積まれた土を指しながら) この高さにこの地区を盛り土する計画なんです。

サンデル ここまでかさ上げしないといけないのですか。

ナレーション 名取市ではこの一帯を三メートル程かさ上げして、その上に新たな町を作るという方針を打ち出しました。ところがこの計画をめぐって、住民同士で意見が大きく割れています。

サンデル この盛り土の復興計画にはみんな賛成しているのですか?

小齊正義さん 置かれている立場や年代によっていろいろな方がいます。九〇〇人も亡くなっているところに土を盛って家を建てる、それ自体が嫌だという方、生まれ育ってきた地元には何としても戻りたいという、ノスタルジーといいますか、郷愁といいますかね、何としても閖上が好きだ、戻りたいという人もいます。

ナレーション 現地再建か集団移転か。意見の食い違いから住民の合意が得られず、今も新たな町づくりはまったく進んでいません。

サンデル 近い将来、この盛り土の上に再び病院や銀行や商店が建ち、暮らしが再建できると思いますか？

小齊正義さん 今の状況ではかなり厳しいんじゃないかというのが実感ですね。先が見えないのがいちばん寂しいですね。

サンデル 重要なことを決める際には意見の合意があったほうがよいのはみなが分かっています。しかし、同時に、復興がなかなか前に進まない現状へのいらだちが関係者の間で強いことも、今日、閖上で話を聞いて痛感しました。

そこで、今日、私の最後の質問はこれです。「たとえ時間がかかったとしても、復興は合意、コンセンサスに基づいて進めるべき」でしょうか、それとも、「復興はスピードを優先し、たとえ合意が得られなくても早く進めるべき」でしょうか。

復興は、時間がかかっても合意に基づいて進めるべきという人は白のカードを。合意がなくても、とにかく復興をいち早く前に進めるべきだ、という人は赤のカードを上げてください。

（参加者の多くが赤のカードを上げる）

多くの人が復興のスピードのほうを望んでいるようです。

では、まず、赤を上げた方の意見から聞きたいと思います。

女性2　本当に想定外のことがたくさん起こっているので、正解が何かというのは分からないと思うんです。だから、前に進むしかないと思うので、とにかく決めてアクションを起こして、やってみて間違ったらまた変えるという、間違えることを恐れないで、とにかく前に進むことのほうが重要なのではないかと思ったので。

サンデル　とにかく早く、断固たる行動を取るべきだと。合意を待つ必要はないということですね。ではどなたか反論は？

レイ（男性）　レイと申します。私は、時間がかかっても全員の合意が必要だと考えています。なぜなら、強いリーダーシップがあって早く復興を進める、多数決でもいいから、切り捨てる意見も出るという意見があったんですが、多分その結果生じたのが今回の原発事故だったり、過去の原発推進だったと思うので、その同じ轍を踏まないためにも、みんなが考えて、時間がかかってもいいから政策なり復興案を考えていくのがいいと思っています。

サンデル　全員の合意を得ながら進めるべきということだね。時間をかけて話し合ったり、コミュニティ全体が一緒になって前に進むことが大切で、だからこそ合意を得る努力を続けるべきだと。

では、誰か反対意見は。

（男性が手を挙げる）

サンデル　では直接、レイに反論してください。なぜ合意を待つことに反対なのか、彼を説得してみて。

男性6　必ずしもそのコンセンサスを得た結果だけが最良のものだとは限らないと僕は思います。いろいろ多様な意見があるなかで、多数派の意見を単純に最良のものとして取り扱うのではなくて、いろいろある意見を折衷案として、単純にすべての人の意見が合うのを待つのではなくて、いろいろな人の意見をきちんと取り入れて、そういう形を全体に生かしていくという方向性が必要なのではないかと僕は思っています。

（客席の前方にいる男性が発言を求める）

サンデル　では、どうぞ。マイクを渡します。

男性5　（激しい口調で）レイさんが言っているような、全員の合意を待つなんていうことは「絵に描いた餅」ですよ！　そんなのは無理ですよ。やっぱりある程度、みんなで論議はしなくちゃいけないと思うんですよ。だけどね、やっぱりいろんな意見が出てくるんですから。津波に襲われたとしても、私はここに残ると言い張ってる人がいたんです。それでは結局、（集団移転して）高台にまとまっては行けない。百十何年のうちに三回津波が来ているんですよ。だからいちばん大切なことは、津波で絶対に人命を失わないことだ、ということを最大の目標に決めないと、全員の合意なんか待っていたら何もできませんよ。（一同拍手）

サンデル ありがとうございます。

では、どなたか最後に、「それでも合意は重要だ」と反論できる人はいないでしょうか。復興はとにかく前に進めるべきだという強い意見を聞いた後でも、それでも、合意は大切だと思う人。なぜそこに大切な価値があると思うのか、答えてくれる人はいませんか？

男性7 私は現在、宮城県の北部にある南三陸町というところで被災者支援をしております。ご存知の通り、南三陸町はほとんど町が壊滅している状態です。ということは、復興はイコール、新しい町を作るということだと思っております。多くの町民は、自分の町は自分で作りたいと言って一生懸命に議論をしています。当然ながらいろいろ意見の差はあります。でも、私は彼らの意見や考え方を見ていると、コンセンサスというのは、全員が合意するというよりは、納得という言葉が合っているような気がします。

彼らは議論をしながら、自分の気持ちを整理し、納得するのを待っているのだと思います。そういうふうに考えた時に、今やっている新しい町を作る議論というのは、あまりにも短すぎると思っています。そういう時間を彼らに与える必要が私はあるような気がしています。

サンデル　非常に力強い主張です。何よりも、とても重要な違いを示してくれました。合意することと、つまり全員の意見を一致させることと、それぞれが納得して受け入れることとは違う、ということです。納得とは、みなの意見を聞き、それぞれの考えを理解することから始まる。全員の意見を採用することはできないかもしれない。それでも、みなが共に暮らす地域を再建するには、全員の声を聞き、その意見について検討されるということが大切なのだと。

議論に参加してくれたみなさんに感謝します。復興をもっと早く進めたいという人と、よく話し合って合意を築くべきだという人との間の議論は、まさに政治とは何か、社会をどう築くのか、という本質に迫る議論でした。

普段の生活のなかで津波や災害に直面していない時には合意が簡単に築ける場合があります。逆に激しい議論を交わすことなく、衝突を避けることができる問題もあるでしょう。しかし今日私たちが話し合っているのは地域社会をどう再建するかというとても大きな問題で、それは人々がどうやって共に暮らしていくのか、という根源的な問いです。

海のそばで住み続けたいという人がいれば、それは過去の教訓から学んでいない、と指摘する人もいる。将来起きうる津波に備えて巨大な防潮堤が必要だという声もあれば、それではこれまでの暮らしを失ってしまうと心配する声もある。

安全のためには集団移転すべきだという人もいれば、生まれ育った大切な故郷を離れたくない、という人もいる。いずれも簡単な問題ではありません。すぐに合意が得られることはないでしょう。しかしこれらの問題について理解を共有することは大切です。

意見が対立する話し合いは人間関係を壊すのではないか、と議論を行うことに不安を感じる人もいるでしょう。しかし重大な問題だからこそ、議論が必要なのです。そして、それは敬意を持った議論であるべきで、相手の声を聞きながら、共に学び合う姿勢が大切なのです。

そして今日私たちが行ってきたのはまさにそれなのです。

ここでもう一度、講義の冒頭でご紹介した坂野さんに登場してもらいましょう。坂野さんもう一度立っていただけますか?

(冒頭で登場した女性が再び立ち上がる)

坂野さん、あなたは応募動機に書きました。「東北の人間は我慢強くシャイです。

坂野　だから一〇〇〇人もの人を一箇所に集めて、復興について議論を戦わせようとしても、それはうまくいかないでしょう」と。

では聞きます。今日、みなさんの意見を聞いてあなたはどう感じていますか？

ここに来る前は、もう何もかも諦めて、発言したってしょうがないという気持ちで来る人もたくさんいるかなと思っていたんですけど、いろんな立場の方の正直な意見を生で聞くことができて。（復興が）どんなふうに進んでいくのかは本当に分からないですけど、諦めないで自分の意見をはっきり言うということが、まず大切なことだと思いました。この気持ちを忘れないで、今後も進んでいけたらいいなと思います。

（一同拍手）

サンデル　ありがとうございます。

今日の講義のなかで、私は感動を覚え、心を強く動かされました。復興をめぐっては厳しい意見の対立、価値観の大きな違いがありました。それでも、相手を尊重する精神を忘れず、意見の違いを認め合うことで納得と理解に向けて議論を重ねようという決意をみなさんから感じ取ったからです。

今後、数カ月いや数年に及ぶかもしれない復興への取り組みのなかでもこの精神を保ち続けることができれば、今回の震災の悲劇のなかからでも、人と人が生きていくうえでの希望に満ちた新しい関係が生まれるであろうことを信じています。どうもあ

りがとう。（一同拍手）

日本のみなさんへ

日本の視聴者および読者のみなさん、「白熱教室」をここまで支持していただきありがとうございます。日本の方々からの反響に、私は圧倒されました。「白熱教室」は、教育であると同時に、市民としてより善き生き方を送りましょう、という誘いでもあります。

みなさんにお伝えしたいのは、大きな問題と向き合う思索の旅に私を迎えていただいたことに対する感謝です。私はそこから実に多くのことを学びました。また、これらの問題に取り組み、世界をよりよくしようとする日本の人々の熱意に、大いに刺激を受けました。

日本のみなさん、善き社会のための正義や善き生をいかに生きるかといった、とても重要で大きな哲学的問題について、改めて私と共に、そして互いに論じ合いましょう。そして真にグローバルな議論に向かうこの旅路を、ぜひ継続していってください。

ＮＨＫ『マイケル・サンデルの白熱教室　世界の人たちと正義の話をしよう』制作スタッフ

コーディネーター
杉田晶子

ディレクター
立花達史

制作統括
寺園慎一　湯川英俊

制作
ＮＨＫ／ＮＨＫエンタープライズ

ＮＨＫ『マイケル・サンデルの白熱教室＠東北大学　これからの復興の話をしよう』制作スタッフ

コーディネーター
杉田晶子

取材
岡内秀明　池田真実

ディレクター
橋本陽　占部稜

制作統括
湯川英俊　浦林竜太　寺園慎一

制作
ＮＨＫ／ＮＨＫ仙台／ＮＨＫエンタープライズ

翻訳協力：濱野大道

ハーバード白熱教室《はくねつきょうしつ》　世界《せかい》の人《ひと》たちと正義《せいぎ》の話《はなし》をしよう＋東北大特別授業《とうほくだいとくべつじゅぎょう》
2013年12月20日　初版印刷
2013年12月28日　初版発行
＊
著　者　マイケル・サンデル
訳　者　ＮＨＫ白熱教室制作《はくねつきょうしつせいさく》チーム
発行者　早　川　　浩
＊
印刷所　中央精版印刷株式会社
製本所　中央精版印刷株式会社
＊
発行所　株式会社　早川書房
東京都千代田区神田多町2－2
電話　03-3252-3111（大代表）
振替　00160-3-47799
http://www.hayakawa-online.co.jp
定価はカバーに表示してあります
ISBN978-4-15-209429-2　C0010
Printed and bound in Japan
乱丁・落丁本は小社制作部宛お送り下さい。
送料小社負担にてお取りかえいたします。